AF298796

G. Pelletan

L'ART
DE COMPOSER ET DE PEINDRE

L'Éventail

L'Écran

Le Paravent

L'Éventail, L'Écran

Le Paravent

Il a été tiré 40 exemplaires numérotés sur papier des Manufactures
Impériales du Japon *(souscrits)*.

L'ART

DE COMPOSER ET DE PEINDRE

L'Éventail, L'Écran

Le Paravent

PAR

G. FRAIPONT

PROFESSEUR A LA LÉGION D'HONNEUR

Ouvrage orné de 16 Aquarelles et 112 Dessins de l'auteur.

On a chanté le Paravent,
L'Éventail est en scène :
L'un éloigne à propos le vent,
Et l'autre le ramène.
(DESPREZ).

PARIS

H. LAURENS, ÉDITEUR

6, RUE DE TOURNON, 6

A Madame la Générale FÉVRIER

Respectueux hommage.

INTRODUCTION

D'où nous vient l'éventail? — D'Orient, dit-on.

— De quand date son usage ? — Depuis toujours, sans doute, car la femme a de tout temps été coquette et ce charmant hochet lui sied trop bien pour n'être pas apparu en même temps qu'elle. Je suis persuadé qu'Ève s'en servait dans le Paradis terrestre : son éventail, plume d'oiseau, feuille ou fleur, pour être plus primitif, n'en était pas moins un éventail!

Quel que soit du reste son âge et son origine, il faut bien avouer que c'est le plus charmant bijou, l'ornement le plus précieux de la femme. Que de mouvements gracieux, que de poses ravissantes dont il est le prétexte!

Tour à tour mystérieux ou frivole, impérieux ou taquin, il permet au visage qu'il abrite de dissimuler un sourire, de sécher une larme. Il sert plus souvent à réprimer le bâillement que fait naître une histoire

1

ennuyeuse, à masquer la rougeur provoquée par le récit d'une anecdote piquante, que.....

> Pour chasser en été les mouches fatigantes,
> Pour garantir du froid quand les soleils sont courts,

Rien de fantaisiste, d'alerte, de spirituel, comme l'éventail :

> L'éventail peint tout ce qu'on sent,
> Tout ce qu'un cœur éprouve.
> Il flatte, il refuse, il consent,
> Il condamne, il approuve.

Aussi n'est-il pas étonnant qu'il ait inspiré tant de poètes et suggéré à tant d'artistes d'exquises illustrations. Tels Watteau, Fragonard, Lancret, Moreau le jeune, pour ne citer que ceux du xviii° siècle, époque où l'éventail coquettement décoré était fort en vogue !

De nos jours il est peu d'artistes qui n'aient décoré au moins un éventail. Celui-ci est souvent l'œuvre offerte, le souvenir, l'hommage — il peut être aussi un gage de reconnaissance.

Pour bien composer et bien peindre un éventail, il faut savoir un peu tout faire, assouplir son esprit à toutes les conceptions.

Point de limites dans la composition de l'éventail, de l'écran ou du paravent.

Tous les sujets peuvent être employés, quelque étranges qu'ils soient, à la condition cependant de ne jamais tomber dans le commun ou le trivial : on peut rester gracieux tout en étant original, traiter des sujets de la plus haute fantaisie tout en restant de bon goût, se servir même — comme motifs décoratifs —, des objets les plus inattendus, des choses les plus ordinaires tout en restant distingué. — Tout dépend de la façon de composer et d'interpréter son œuvre.

Employez le légume aussi bien que la fleur ; servez-vous du poisson tout comme de l'oiseau ; un chien, un chat, un lapin pourront faire très bonne figure ; je prétends même que le petit cochon rose n'a rien de déplaisant à voir : les soies de sa robe ne déshonoreront en rien la soie de votre éventail ou de votre écran. Et puis, madame, en passant par vos doigts mignons il perd son vilain nom et devient « porte-bonheur » !

On dit qu'en de lointains pays les fées savaient changer de vils objets en or et en pierreries ; il vous suffit, à vous, de choisir un objet, fût-il banal, pour le transformer et le rendre charmant !

L'Art

DE COMPOSER ET DE PEINDRE

L'Éventail — L'Écran — Le Paravent

PREMIÈRE PARTIE

L'ART DE COMPOSER

CHAPITRE PREMIER

PRÉAMBULE

De tous les objets fournissant prétexte à ornementation, l'éventail est certainement le plus charmant, non seulement à cause de sa forme, mais encore parce qu'il inspirera mieux que tout autre, si l'on veut songer à sa destination.

« ... Oh! je veux bien gager que, dans tout l'attirail de la femme la plus « galante et la mieux parée, il n'y a point d'ornement dont elle puisse tirer « autant de parti! » (Mme DE STAEL.)

En écrivant cela, madame de Staël se plaçait à un tout autre point de vue que nous; femme, elle ajoutait : « Quelles grâces ne donne pas l'éventail à une dame qui sait s'en servir! » Rien de joli comme l'envolée d'un éventail, rien d'harmonieux comme son frou-frou lorsqu'il s'agite doucement, mais aussi rien de dangereux comme un éventail en courroux! Le mignon colifichet se transforme en arme terrible et le frou-frou devient pas de charge.

Garons-nous, messieurs, car au *jeu de l'éventail*, nous sommes battus d'avance!

Quant à moi, je me borne à admirer le colifichet ou à me défendre, le moins maladroitement possible, contre l'arme ; mais vous permettrez bien, madame, que je cherche à démontrer le parti qu'on peut tirer de la damasquinure de celle-ci ou de l'ornementation de celui-là? Je veux donc faire semblant de mal comprendre madame de Staël et me figurer que lorsqu'elle disait : *Il n'y a point d'ornement dont elle puisse tirer autant de parti*, elle n'a entendu parler que du parti à tirer de la décoration appliquée à l'éventail ; je me trouverai ainsi placé sur un terrain qui me conviendra mieux et, sans être grand clerc, j'y pourrai discuter plus à l'aise.

Il existe, paraît-il, un livre ayant pour titre : *Les Passions de l'éventail*, il date du commencement du siècle ; l'auteur, une dame anglaise, y traite de la façon de prendre et de quitter l'éventail, de le « déferler », de l'agiter, de l'ouvrir et de le fermer, que sais-je!

Nous allons essayer de faire un pendant : *l'Art de composer et de peindre l'éventail*. Il différera du précédent en bien des points ; d'abord il datera de la fin du siècle au lieu d'être daté du commencement, puis l'auteur n'en sera point une « Dame anglaise », et enfin l'on n'y traitera ni de la façon de le déferler ni de la manière de l'agiter, mais seulement des moyens à employer pour le rendre aussi coquet que possible ; ce sera beaucoup moins amusant, sans nul doute, mais plus utile peut-être, car toute femme sait jouer de l'éventail, non le peindre.

Si nous avons négligé jusqu'ici de parler de l'écran : *contenance utile des dames quand elles sont devant l'élément combustible*, — ainsi qu'on l'appelait au XVIIe siècle — si nous n'avons point dit un mot du paravent, vous seules en êtes cause, mesdames. L'éventail est si bien votre compagnon inséparable qu'en vérité, en parlant de lui, on ne pense qu'à vous, raison suffisante, j'espère, pour excuser un oubli que je m'efforcerai de réparer par la suite.

CHAPITRE II

BUT DE NOTRE LIVRE

Il est des peintres de grande valeur, qui ont appliqué leur talent à la décoration de l'éventail et de l'écran, voire du paravent ; ce n'est pas pour eux que nous écrivons, ils connaissent mieux que nous la « manière de s'en servir », et ne trouveraient — ci-joint — rien à apprendre.

A côté de ces artistes, il est des gens de talent, fort capables de composer des œuvres charmantes, mais qui sont arrêtés par les difficultés de « métier » :

Comment doit-on préparer l'étoffe ou la peau sur laquelle on veut peindre? Quelles couleurs faut-il employer? Comment procéder, enfin? Nous allons essayer de répondre et de donner les moyens les plus aisés pour se tirer d'affaire.

Puis viennent les amateurs de tous âges, de tout sexe, de toutes forces. Il en est qui ont du talent, un peu — quelques-uns beaucoup — la plupart pas du tout.

Les premiers s'en tireront vite en travaillant assidûment ; pour les seconds, cela ira tout seul ; pour les derniers, dame ! ce sera plus dur : il leur faudra peiner pas mal, être tenaces s'ils veulent apprendre.

Nous tâcherons, tout en restant aussi bref et aussi clair que possible, de donner des renseignements suffisants pour que chacun y trouve son compte, même ceux qui ne chercheront, en peignant l'écran, l'éventail ou le paravent, qu'une « amusette », un passe-temps, passe-temps charmant pour vous surtout mesdames, car vous y pourrez donner libre essor au bon goût toujours inné chez vous.

CHAPITRE III

DES DOCUMENTS

Il est indispensable, pour la composition et la peinture des éventails, des écrans ou des paravents, d'être riche en documents de toutes sortes. Il est rare, en effet, qu'on procède directement d'après nature sur la soie qu'on destine à l'ornementation de l'un ou de l'autre de ces objets ; ceux-ci nécessitent, en effet, un genre de composition tout spécial, bien adapté à la forme, et de coloris s'harmonisant avec celui de l'étoffe employée.

La nature, je le sais, vous offrira souvent des motifs qui, reproduits tels quels, s'encadreront admirablement dans la forme donnée ; mais la plupart du temps, ce sont des sujets composés que l'on cherche ; or, pour éveiller en soi l'idée d'un arrangement il faut tout au moins posséder quelques éléments ! Plus ceux-ci seront variés, plus vous varierez vos compositions ; de là la nécessité de rassembler le plus possible de croquis, de pochades de toutes sortes, de toutes provenances ; les meilleurs seront, sans contredit, ceux que vous aurez faits vous-même d'après nature, ce qui ne veut pas dire qu'il faut, sans pitié, écarter tout document dont on ne serait pas l'auteur !

Il est nécessaire, au contraire, d'avoir beaucoup de sujets traités par d'autres, d'étudier ce que d'autres artistes ont fait et s'inspirer de leurs

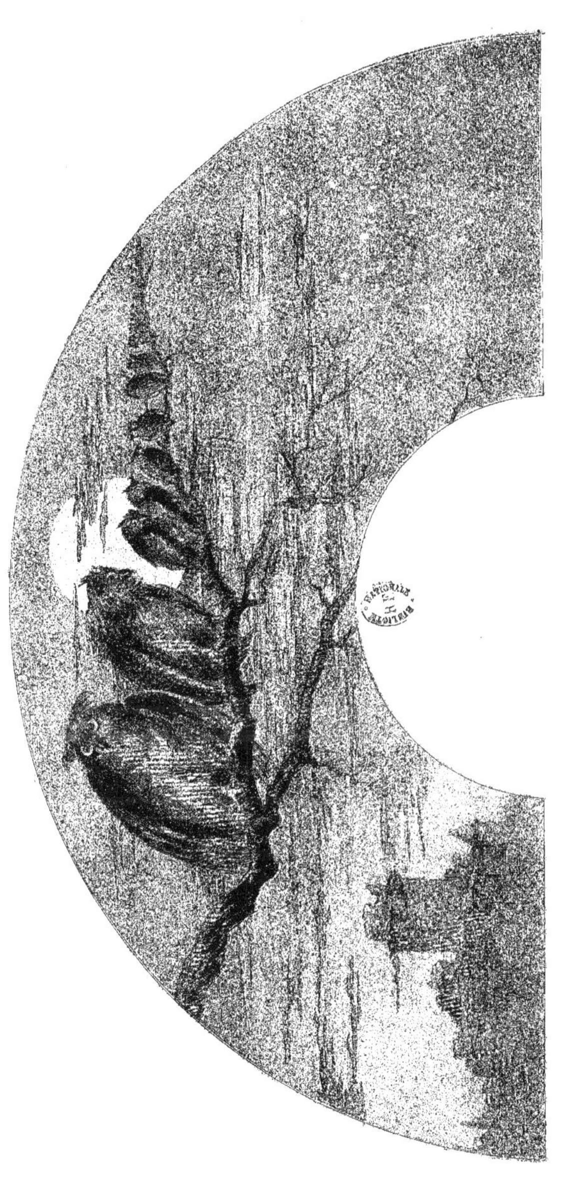

travaux pour faire tout autrement. Nous blâmons ceux qui se contentent *uniquement* des documents traînant partout, et qui les copient servilement ; il en est qui, sans se gêner, trouvent simple et commode de les calquer. C'est déplorable !

En agissant ainsi, en ne reproduisant que le travail d'autrui, on est sûr de n'acquérir jamais aucune personnalité, c'est évident, puis on rend son occupation beaucoup moins intéressante et l'on risque certaines déconvenues : après s'être donné bien de la peine pour peinturlurer, — d'après modèle tout fait — un bout d'étoffe gris perle ou crème, on sera tout déconfit, un beau jour, de retrouver chez le voisin le même sujet sur un même morceau de soie qui sera lui aussi — pour peu que la guigne s'en mêle — crème ou gris perle ! Ce ne serait encore que demi-mal si cela pouvait guérir ceux qui ont la mauvaise habitude de ne cueillir que dans les plates-bandes d'autrui.

Nous dirons plus loin comment on doit, sans les user en les copiant, comprendre l'emploi des matériaux qu'on possède, originaux ou non.

Point de règle absolue en ceci ; nous donnerons quelques indications, votre intelligence fera le reste.

CHAPITRE IV

DE L'EMPLOI DU DOCUMENT

Si nous avons tenté de parsemer ce volume de dessins et de croquis, si nous avons essayé d'en rendre l'illustration aussi variée que possible, c'est précisément afin de donner, à côté de moyens pratiques écrits, des documents tout faits à ceux qui n'en possèdent point ; ils chercheront, si ceux-ci ont l'heur de leur plaire — ce qui flatterait grandement leur auteur — à les retourner en tous sens, à les combiner, à prendre une fleur dans l'un, un insecte dans l'autre, un arbre dans celui-ci, un « bonhomme » ou une « bonne femme » dans celui-là, pour faire ainsi des arrangements divers, des sujets variés.

De même qu'on peut combiner de cent façons différentes les pièces d'un échiquier, on peut aussi combiner les parties de divers documents pour parfaire des compositions toujours dissemblables.

Cette façon de faire s'adresse à ceux qui, ne sachant pas assez, ou ne possédant pas de renseignements pris par eux-mêmes, seront forcés de marcher d'après les autres.

Se servir de fragments hétéroclites pour faire un tout se tenant bien, n'est point toujours chose aisée.

Il ne s'agit point ici de procéder comme pour la confection d'un costume d'arlequin en prenant au hasard des bouts d'étoffes jaunes, rouges ou vertes cousus les uns aux autres ; en dessin, il faut plus d'études, non seulement pour la combinaison des tons, mais encore, et surtout, pour l'arrangement des lignes, la recherche des silhouettes !

Il faut, en un mot, raisonner son œuvre avant de l'exécuter : ne pas poser, par exemple (j'ai vu ça), un oiseau énorme sur une pauvre petite brindille si ténue qu'un papillon eût suffi à la faire ployer ; d'une même branche ne faites pas émerger des fruits de toutes sortes, à pépins et à noyaux : ce serait pousser un peu loin la passion de la « greffe » et de « l'écussonnage » !

Enfin n'écrasez pas un sujet léger par une ornementation massive.

Il est des erreurs plus graves encore : une brave dame me montrait dernièrement avec fierté un éventail (épouvantable petite horreur) peint et composé par sa fille : « Elle a tant de talent, monsieur, elle a fait cela en deux jours et sans se donner beaucoup de mal, allez ! » Ça se voyait fichtre bien ! et il eût été préférable que cette jeune fille de tant de talent passât un peu plus de deux jours et se donnât beaucoup

plus de mal... Peut-être eût-il mieux valu qu'elle ne fît rien du tout.
Jugez-en : je passe sur le dessin, il n'existait pas !

La composition ? Voici :

Premier plan : un monsieur en costume moyen âge — il avait cette prétention, tout au moins — et plus petit de beaucoup qu'une dame (deuxième plan)
en toilette Louis XIII — autre prétention — perchés tous deux sur le perron
d'un château moderne! C'était exquis! et cela me fit penser, malgré moi, à
je ne sais quelle pièce folle d'Hervé, pièce se passant sous Frédégonde, je
crois, et où, très sérieusement, on voyait entrer Molière au grand ébahissement
des personnages en scène qui s'écriaient : « Déjà! ... » C'était drôle, parce
que c'était voulu ; notre éventail était pénible parce qu'il était inconscient et
prétentieux.

Moralité : ne faites rien à la légère, étudiez bien votre œuvre, réfléchissez
avant de l'exécuter pour éviter des erreurs de ce calibre.

Ne laissez rien au hasard, et si vous prenez des détails de droite et de
gauche pour en faire un tout, qu'ils se tiennent au moins d'aplomb et d'une
façon raisonnable, sinon d'une façon parfaite.

Si vous faites des scènes à personnages d'une époque autre que la nôtre,
qu'ils soient tous de la même époque et dans le cadre qui leur convient ; —
que vous mettiez des gens du xviii° siècle, par exemple, à la porte d'un
château du xiv°, rien de mieux, ce château a pu être construit avant eux ; mais
renverser la proposition en faisant des gens du xiv° siècle se mouvoir près
d'un château du xviii°! ça n'est plus tolérable et vous risquez à votre tour
qu'on vous dise : « Déjà! » — à moins que ça ne se passe en carnaval, ou ne
figure aux *Incohérents*.

A ceux qui chercheront surtout à traiter le sujet de genre, nous conseillons
fortement de faire quelques études préalables de dessin, cela va sans dire,
mais aussi de style. Il ne manque pas d'ouvrages, quand ce ne serait que
Viollet-le-Duc, Racinet, pour leur donner à cet égard plus de renseignements
qu'ils n'en auront besoin.

Foule d'amateurs désirent peindre une soie d'éventail ou décorer une feuille
d'écran et ne peuvent se tirer d'affaire faute de connaissances, non seulement
pratiques au point de vue du métier (ce que nous verrons plus tard), mais
encore à cause de la difficulté qu'ils éprouvent à composer. Il leur répugne

de copier un sujet tout fait ; ils voudraient pouvoir signer leur œuvre et ne sont point, pourtant, assez forts pour créer eux-mêmes un sujet de toutes pièces. En s'inspirant, comme nous venons de le dire, de documents divers qu'ils chercheront à combiner avec adresse, ils arriveront à trouver des dispositions souvent fort amusantes, quelquefois originales.

Ils seront amenés petit à petit à composer agréablement ; ils copieront d'abord tels quels — en les déplaçant pour en changer l'aspect — des fragments pris de droite et de gauche ; puis ils les varieront quelque peu, en modifiant les formes et les couleurs ; graduellement ils en viendront ainsi à ne consi-

dérer le document que comme un sommaire à développer, et les œuvres, qui tout d'abord n'étaient qu'un assemblage d'éléments divers adroitement enclavés les uns dans les autres, deviendront œuvres personnelles bien qu'inspirées par œuvres d'autrui.

En vous servant de matériaux, essayez d'en renverser la proposition : il faut souvent fort peu de chose pour modifier complètement un sujet. L'effet choisi y est pour beaucoup.

Supposons que vous ayez à vous servir de deux paysages : l'un est tout ensoleillé, l'autre est vu au clair de lune ou au coucher du soleil. Inspirez-vous, comme dessin, du paysage ensoleillé et, comme effet, du clair de lune, ou réciproquement si vous tenez à ensoleiller votre œuvre ; — ceci est un exemple entre mille, destiné seulement à me bien faire comprendre.

Il est diverses sortes de documents : les plus utiles, les plus précieux seront ceux que vous aurez récoltés par vous-mêmes, documents partiels, fleurs,

insectes, etc., véritables matériaux qui vous serviront à bâtir (ceux-là nous les passerons en revue), puis des documents d'ensemble, compositions diverses, allégories, etc., qui feront naître l'idée de certains effets, de

certains arrangements ; tels les documents japonais, dont nous dirons deux mots par la suite.

Pour ceux qui sont arrivés à une certaine habileté et ont acquis une somme de savoir suffisante, la vue d'un sujet, la disposition d'un dessin donne souvent l'idée d'un sujet tout autre, d'une disposition toute différente, de même qu'un effet vu dans l'œuvre d'un autre pourra être appliqué, dans votre œuvre à vous, d'une manière toute opposée.

J'ai vu des compositions absolument originales, conservant un cachet

personnel, dont les signataires, gens de talent, n'avaient « rien copié » et pourtant la disposition générale de l'œuvre, son arrangement, avaient été évidemment inspirés par des dessins japonais.

Pour bien posséder la « *connaissance* » *de l'emploi du document*, il faut

en avoir manié beaucoup; cela ne vient pas tout seul, « en entendant chanter le rossignol, » mais en travaillant, en étudiant sans relâche.

Nous avons dit qu'un même motif pouvait en inspirer plusieurs autres;

essayons d'une démonstration : Voici trois éventails : l'un est pareil à l'autre en tant que dessin mais l'effet en est absolument renversé; quant au troisième il est facile de voir qu'il dérive des deux autres : la disposition en est la même, l'idée aussi mais les éléments qui le composent sont différents : le marronnier est remplacé par le noisetier, le fond de ville est devenu lointain paysage.

Ceci rentre, en somme, dans la *manière* indiquée plus haut et où il s'agissait de changer la lune en soleil ou *vice versa* (plus fort que Josué, cela!).

Dans celui-ci il s'agit de l'*effet*, dans celui-là *du dessin*.

Puisez le plus possible dans vos propres documents car le meilleur moyen d'être bien « soi » sera d'agir ainsi avec des motifs « bien à soi ».

CHAPITRE V

DU GENRE DE DOCUMENTS

La décoration de l'éventail, aussi bien que celle de l'écran et du paravent, comporte tous les genres, tous les styles, nous l'avons dit : rien n'est complexe, rien n'est varié comme l'ornementation des uns et des autres.

A moins de vouloir se cantonner dans un genre unique (ce qui, dans le cas actuel, nous paraît une erreur, il faut étudier un peu tous les sujets; savoir faire la fleur aussi bien que l'oiseau, le paysage tout comme la marine, connaître quelque peu la science héraldique et ne pas être embarrassé pour combiner un ornement.

Quant aux personnages et aux animaux, ils nécessitent des études toutes spéciales.

Rien n'est épouvantable à voir comme ces vilains petits magots tout mal bâtis qui ont la prétention de représenter des « amours », ou ces bonnes dames, déesses, bergères ou châtelaines, que vous pouvez voir s'étaler prétentieusement sur certains éventails, sur certains écrans et qui louchent en dehors ou en dedans, ont des bras ne tenant point aux épaules et des jambes ne s'attachant pas au torse.

Laissez donc de côté le personnage si vous n'êtes pas sûr de le camper solidement sur ses jambes ; choisissez vos sujets ailleurs, en attendant que vous ayez fait des études suffisantes pour connaître votre « bonhomme ». Les motifs ne manquent pas, du reste.

La fleur est certainement le sujet qu'on traite le plus souvent ; rien de plus joli, rien de plus décoratif, rien non plus de mieux adapté, puisque l'éventail est toujours destiné à la femme ! Ayez vos cartons remplis d'études de fleurs de toutes familles, de toutes couleurs ; faites des croquis de feuillages, des indications d'herbes, de brindilles.

Lorsque vous dessinez d'après nature — avec la seule préoccupation d'étudier ou de fixer un document sur votre album — ne changez rien, n'essayez pas d'arranger, vous dérangeriez, car, quelque habile que vous soyez, la nature l'est plus que vous et vous auriez tort de la vouloir corriger... d'autant plus que ce serait augmenter les difficultés de votre travail ; bien dessiner, bien rendre les contours et les tons d'une fleur est déjà assez difficile ! Que vos études, vos croquis soient toujours sincères et consciencieusement traités et ils seront parfaits.

Ne vous bornez pas à copier une touffe de fleurs ou une branche de feuillage seulement dans un sens, puisque c'est pour l'avenir que vous travaillez et pour vous faire une précieuse collection de matériaux ; retournez votre modèle sous toutes ses faces : non seulement les croquis ainsi faits vous seront utiles lorsqu'il s'agira de faire une composition où vous aurez à présenter une fleur sous ses différents aspects, mais encore, en procédant ainsi, vous apprendrez beaucoup, et petit à petit vous posséderez si bien votre sujet que l'exécution vous en semblera facile. Ne dédaignez aucune fleur, aucun feuillage : fleurs sauvages ou plantes cultivées : étudiez soigneusement les chardons et les ronces comme la rose ou l'aubépine, les herbes folles et les mousses rampantes comme les œillets ou les pivoines.

Toute fleur est charmante, toute plante est décorative et toutes présentent cet avantage immense que, sans arrangement, sans préparation, piquées dans un vase ou plantées en terre, elles vous donnent toujours un sujet tout composé qu'il suffit, la plupart du temps, de transcrire, presque tel quel, sur la soie de votre éventail, sur le satin de votre écran.

L'oiseau, l'insecte seront les satellites tout indiqués de vos fleurs. Habitués à vivre ensemble en plein air, ils seront enchantés de se retrouver « à l'atelier ». Adroitement posés ou voletant de-ci de-là, ils compléteront votre œuvre, à la condition que vous les glissiez avec habileté dans votre composition. « Sujets banaux, cela, et que tout le monde a faits ! » allez-vous vous écrier... Que non ! la banalité, soyez-en bien persuadé, réside non dans le sujet lui-même, mais dans la façon dont il est composé, dont il est interprété.

Le *genre fleuri* n'est un genre banal que lorsqu'il est banalement traité.

Voyez les Japonais, ce sont des maîtres *ès éventails* ; leurs écrans sont d'un goût exquis et leurs paravents d'une originalité prodigieuse, et pourtant les fleurs, les oiseaux, les insectes en font presque seuls tous les frais. — Ils savent à propos jeter un bout de feuillage ou faire voleter un insecte, planter une fleur ou poser un oiseau.

Étudiez de près les pages japonaises, non pour les copier (il faut toujours rester personnel, nous ne le répéterons jamais assez) mais pour vous en inspirer, pour en saisir les arrangements pour y surprendre certains effets et en sentir le côté vraiment décoratif, vraiment « artiste ».

Pour jouir des œuvres de ces merveilleux décorateurs, les Japonais, il faut une certaine initiation — tout comme pour comprendre Wagner ! — celui qui n'aurait fait que les « voir sans les regarder » sera un peu déconcerté tout d'abord et ne comprendra pas tout ce qu'il y a de sincère, bien que d'étonnamment fantaisiste, dans ces compositions souvent traitées avec deux ou trois traits, une tache, une teinte !

Et quelle variété dans ces pages exquises ! Il en est de gracieuses, d'étranges, de fantastiques. Vous y trouverez des fleurettes mignonnes ou des fleurs monumentales, des insectes charmants ou des crabes affreux, des oiseaux adorables et d'horribles poissons, des serpents, des monstres de toutes sortes : les dessins pimpants ou fantasmagoriques que vous y rencontrerez feront naître en vous l'inspiration, pour peu que vous ayez l'imagination un peu bouillante ; si vous êtes calme et si ces belles choses ne vous « emballent » pas (c'est pourtant si agréable, de s'emballer quelquefois !) vous trouverez néanmoins en feuilletant vos « japonaiseries » des idées de compositions, de dispositions que vous adapterez à votre manière de faire à vous, en employant pour cela vos propres documents.

Nous voilà loin de l'oiseau, loin de l'insecte, délaissés l'un et l'autre pour courir au Japon, voyage dont vous n'aviez peut-être nulle envie, mais que nous devions bien, pourtant, à ces artistes qui ont su si bien traiter l'*éventail*, l'*écran*, le *paravent* ; et qui sait ? peut-être vous féliciterez-vous de la promenade si vous en avez rapporté quelques documents ; ils vous serviront par la suite, n'en doutez pas.

Je suis sorti du sujet — j'y rentre :

Faites pour l'oiseau, faites pour l'insecte ce que vous avez fait pour la fleur : garnissez-en vos albums.

L'étude est un peu plus difficile si vous voulez prendre les mouvements sur nature : vous ne pourrez guère que saisir des allures, surprendre des poses. Quant aux détails de dessin et de coloris vous les trouverez d'après des oiseaux empaillés ou des insectes piqués et conservés. C'est, du reste, le moyen, sinon le meilleur, du moins le plus pratique, car il permet d'étudier bien tranquillement et bien consciencieusement les formes et de rendre bien à l'aise toutes les variétés de couleur dont sont parés les uns et habillés les autres.

Côte à côte avec vos cartons de fleurs et d'oiseaux vous en aurez d'autres,

riches en croquis et pochades de toutes sortes, récoltés en tous pays :
marines ou paysages, études d'arbres ou de rochers, motifs d'architecture,

vieilles maisons ou superbes châteaux, ruines féodales ou cathédrales gothiques.

Il ne faut rien laisser échapper, et toutes les fois que vous passerez devant un sujet intéressant, notez-le, il vous servira plus tard.

Il faut souvent si peu de chose comme point de départ : chapiteau moussu dont la sculpture vous intéressera, tronc d'arbre dont la forme vous semblera étrange vous inspireront toute une composition ; l'un ou l'autre vous serviront de thème à broder : vous enguirlanderez de fleurs le chapiteau ou vous l'enlacerez de lianes ; vous trouverez un fond intéressant, vieux donjon ou ruines d'abbaye... Si vous êtes « de force » vous camperez là un personnage ou plusieurs, et voilà le sujet trouvé... sujet très vieux et très bête ou très nouveau et fort spirituel, suivant la façon dont il sera interprété.

Le tronc d'arbre vous donnera prétexte à paysage d'hiver ou d'été ; vous y ferez tomber de la neige ou briller le soleil. Le fond sera une forêt... à moins que ce ne soit un hameau et ce sera aussi ou très bête ou très fin, cela dépendra de vous.

Si vous avez l'excellente habitude d'aller demander à la nature vos sujets, elle vous les fournira en prodigue qu'elle est : la mer ou la forêt, des vagues ou des arbres, des fonds de villages ou des silhouettes de montagnes, tout s'adaptera à ravir aussi bien à la forme de l'éventail qu'à celle de l'écran et pourra agrémenter fort joliment des feuilles de paravent ; avec peu de chose vous compléterez : une fleur ou du feuillage au premier plan égayera votre motif, et un insecte, un oiseau (un personnage si vous savez en faire) animera votre sujet.

Pour l'ornementation proprement dite, les renseignements ne vous manqueront pas davantage ; nos musées, nos monuments foisonnent de motifs sculptés ou gravés : cartouches de tous styles, écussons armoriés, merveilleux sujets décoratifs.

Faites comme l'amateur qui ne laisse point échapper, sans l'acquérir, un bibelot pour enrichir sa collection : ne passez pas devant un motif intéressant sans en noter les formes sur votre carnet ; en peu de temps vous aurez ainsi acquis une véritable richesse artistique dans laquelle vous n'aurez qu'à puiser.

Des notes excellentes à conserver sont celles où, en quelques traits de crayon, en quelques coups de pinceau, on a noté les idées différentes suggérées par la recherche d'une composition.

Les jours où votre imagination emparessée voudra sommeiller quand même, il vous suffira de feuilleter vos notes, de fouiller dans vos croquis pour la réveiller.

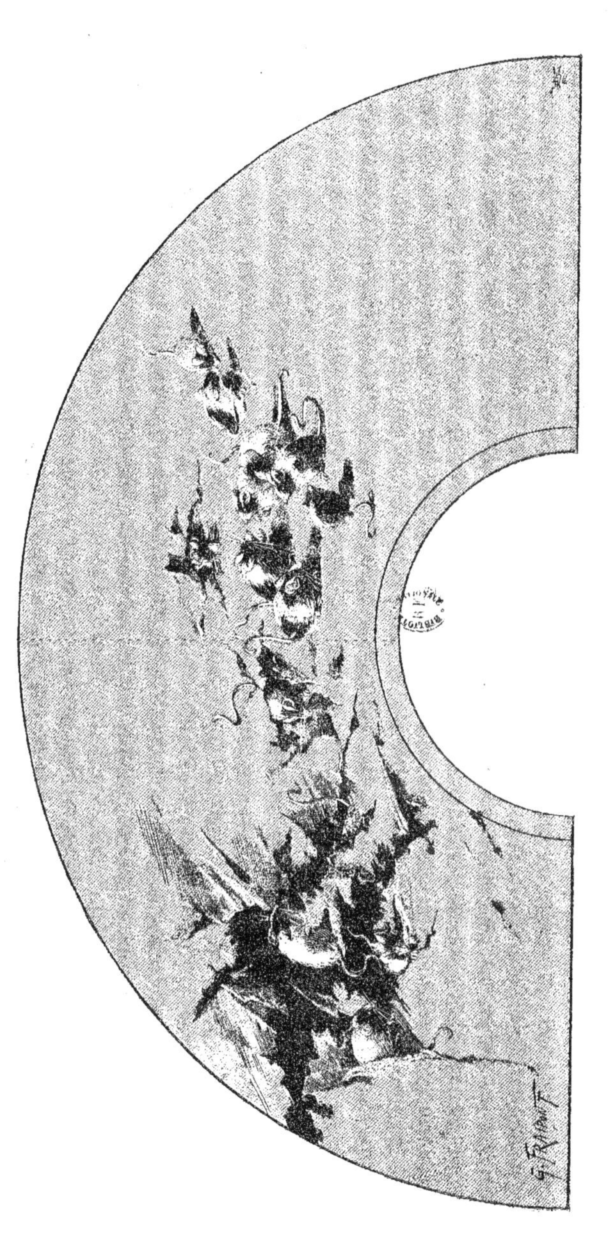

Le point de départ d'un « tout » est souvent un « rien » ; une forme amusante, le hasard de deux lignes bien combinées seront le prétexte de tout un arrangement si vous possédez quelque peu le sentiment décoratif.

Les personnages, les animaux demandent des études plus approfondies. En peu de temps on arrivera, même sans grand travail préparatoire, à indiquer « gentiment » une fleur, à peindre « agréablement » un oiseau, mais pour camper bien d'aplomb un personnage, pour bien poser un animal sur ses pattes, il faut plus d'études. Nous ne saurions assez engager ceux qui voudraient faire l'un et l'autre à les travailler sérieusement ; rien n'est désolant à voir comme des bêtes ou des gens mal bâtis.

Tâchez de noter des mouvements, d'indiquer des allures ; prenez des croquis de types, de costumes.

Je n'insiste plus sur l'utilité des albums documentaires, j'en ai trop parlé déjà ici et ailleurs, et l'on finirait par me croire atteint d'*albumanie*, maladie nouvelle que je vous souhaite ; somme toute, elle est moins dangereuse que bien d'autres, encore qu'elle soit incurable — chez moi du moins.

CHAPITRE VI

DE LA COMPOSITION

Est-il besoin de dire que la composition joue dans une œuvre décorative le rôle prépondérant ?

Il ne suffit pas que l'ensemble en soit agréable à regarder, il faut encore que chaque détail soit bien en place, bien à son plan ; que les divers motifs qu'elle comporte se combinent en se complétant. Rien ne doit détonner dans la tenue générale des lignes, pas plus que dans celle des couleurs. Tout en un mot doit concourir à l'harmonie générale, au plaisir des yeux !

Une composition doit être raisonnée dans toutes ses parties : la silhouette d'ensemble devra faire valoir, sans l'écraser, les formes de l'objet que l'on veut décorer et son coloris ne pas nuire au ton local.

Dans la décoration, en général, l'allégorie joue un grand rôle ; allégorie par les figures, les fleurs, les attributs. Il faut toujours qu'elle soit transparente, qu'on ne soit pas forcé de fouiller les vieux grimoires ou refaire toute sa rhétorique pour en comprendre le sens.

Sans vous conseiller d'employer toujours les mêmes *vieilles machines* pour représenter des sujets convenus : le caducée pour Mercure ou le casque pour Mars, la lyre pour la Musique et la palette pour la Peinture, il vous sera facile, surtout dans le genre « aimable » qui nous occupe, de trouver maints sujets clairs et intéressants à dessiner.

Notez bien que vous pouvez toujours rajeunir un sujet *vieillot* par la façon dont vous l'indiquerez et par le caractère que vous lui donnerez.

Le caducée de Mercure comme le casque de Mars, la lyre aussi bien que la palette, seront neufs et amusants si vous savez en tirer parti.

De même, si vous êtes « figuriste », vous interpréterez vos figures en leur imprimant votre personnalité, en les traitant à votre manière ; ce qui ne veut pas dire de faire loucher Vénus et boiter Apollon, sous prétexte de nouveauté !... C'est cela qui ne la rendrait plus transparente du tout, votre allégorie ! En toutes choses il faut de la mesure !

Les fleurs, elles aussi, ont leur signification ; je n'entends nullement dire par là que chaque fleur sur chaque éventail vous raconte une histoire, mais en bien des cas, et suivant la façon de l'arranger, elle dira foule de choses. Un éventail, un écran, décorés de fleurs ou de feuillage, peuvent être l'un et l'autre fort spirituels, rappeler des souvenirs fort agréables... — surtout pour celui qui les peint.

Inutile pour cela d'employer le *Vergiss mein nicht* quand on veut dire « souvenir » ou le Pavot quand on souhaite « bonne nuit ! »

Éviter avec soin, dans toute composition, une surcharge de détails qui ne peut que nuire à l'ensemble, à l'effet. Il est toujours un point à faire valoir, soit par sa forme, soit par sa couleur ; c'est en simplifiant tout l'entourage au profit de ce point qu'on arrive à fixer sur lui l'attention ; simplification non seulement de dessin et de couleur, mais aussi de facture.

Plus un dessin est simple, plus il est clair ; c'est à la simplicité qu'il faut viser — quand on le peut — car c'est le plus difficile.

En commençant, attendez-vous à mettre, dans vos compositions, beaucoup plus de choses qu'il n'en faudrait ; moins vous en saurez, plus vous en voudrez mettre, et par conséquent, plus vous serez fort, plus vous élaguerez.

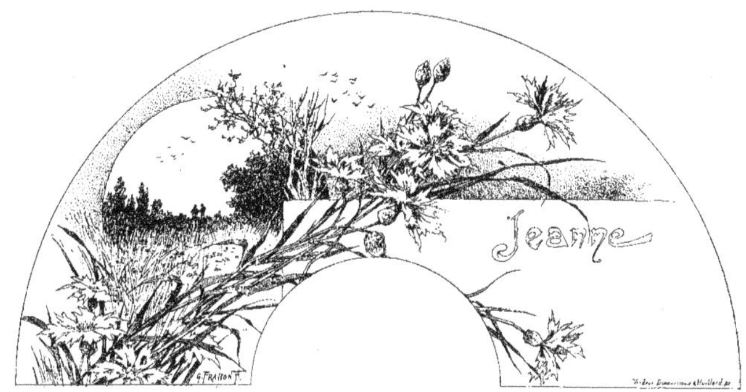

Élaguer sera souvent un chagrin ; tel mignon motif qui vous aura charmé, que vous aurez choyé, dorloté, dont vous serez ravi — en tant que motif détaché — devra sans pitié être enlevé s'il nuit à l'ensemble ; telle fleur, pour les tons de laquelle vous aurez usé vos couleurs les plus brillantes et employé vos pinceaux les plus fins, devra être émondée si sa couleur détonne au milieu de toutes les autres.

Qui dit « composition » dit « sujet d'ensemble ». Or un sujet d'ensemble ne sera réussi qu'autant que tous les détails se fondront, en quelque sorte, pour concourir à l'effet général.

Élaguez, élaguez toujours pour réduire votre dessin à sa plus simple expression, — ce sera toujours la meilleure !

CHAPITRE VII

RAPPORTS ENTRE LA FORME DE L'OBJET ET CELLE
DE LA COMPOSITION

Il est diverses manières de comprendre la décoration d'un objet :

Soit en établissant un rapport entre l'une et l'autre, soit en cherchant au contraire, l'opposition.

En adoptant une disposition symétrique suivant de façon régulière et absolue les contours de l'objet, ou en s'ingéniant à contrarier ces contours ; l'un ou l'autre peut faire également bien et rien n'empêche d'employer les deux manières dans un même sujet.

Autour d'un éventail aussi bien qu'autour d'un écran ou des feuilles d'un paravent on pourra faire courir un encadrement régulier épousant les formes extérieures et dont une ornementation tranquille fera valoir le « mouvementé » des parties principales ; tel un *piano* fait valoir un *forte*.

Cet encadrement, si l'on veut, sera lui-même symétrique d'un côté et tourmenté de l'autre.

Ce mode de décoration se retrouve sur des éventails anciens, du xviiie siècle notamment, divisés souvent par une ornementation en casiers prenant la forme des lames et renfermant des scènes galantes, des Léandre et des Colombine.

L'éventail étant par-dessus tout un petit objet fort volage, se déployant, se resserrant, s'agitant sans cesse, gagnait à cet arrangement l'avantage de s'abîmer moins dans ses parties intéressantes. Ainsi prudemment abrités, Léandre et Colombine ne risquaient pas de voir leurs élégants atours chiffonnés et fripés ou même — accidents plus graves — de se voir affreusement balafrés, souvent décapités par les plis du vélin ou de la soie.

Les encadrements pourront être intérieurement agrémentés d'ornements réguliers : enroulements ou motifs se répétant ou s'alternant, ou de sujets se contrariant, mais dont le dessin, sans être à répétition constante, devra pourtant rester quelque peu uniforme.

Il est essentiel, si on veut donner à son œuvre le cachet d'une époque, d'en

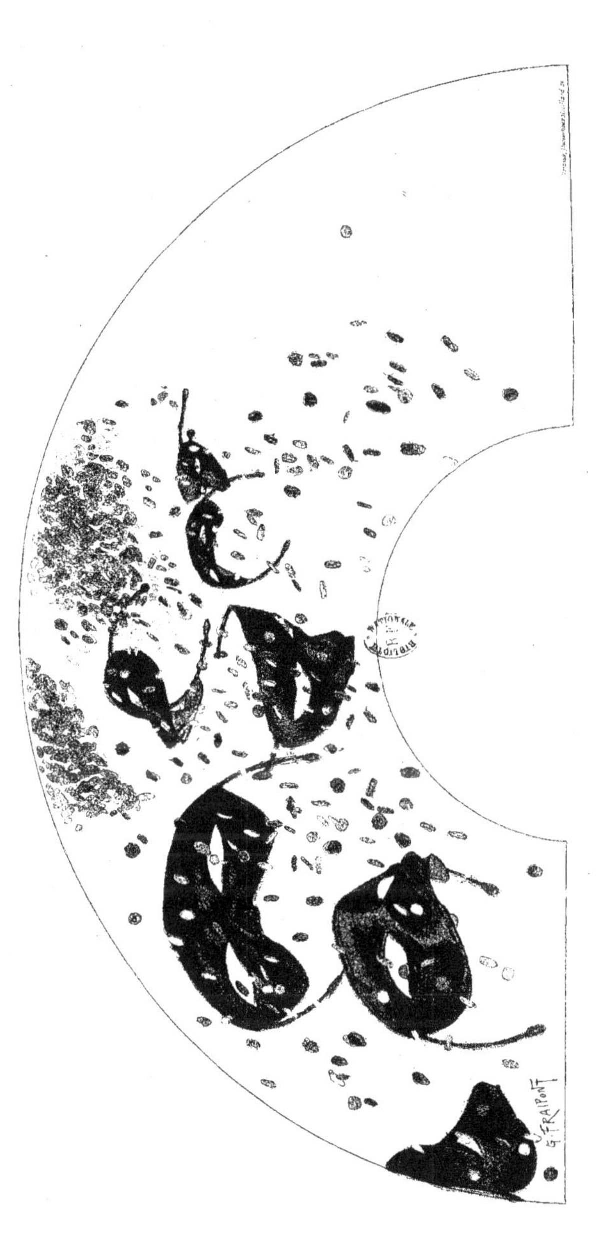

G.FRAIPONT

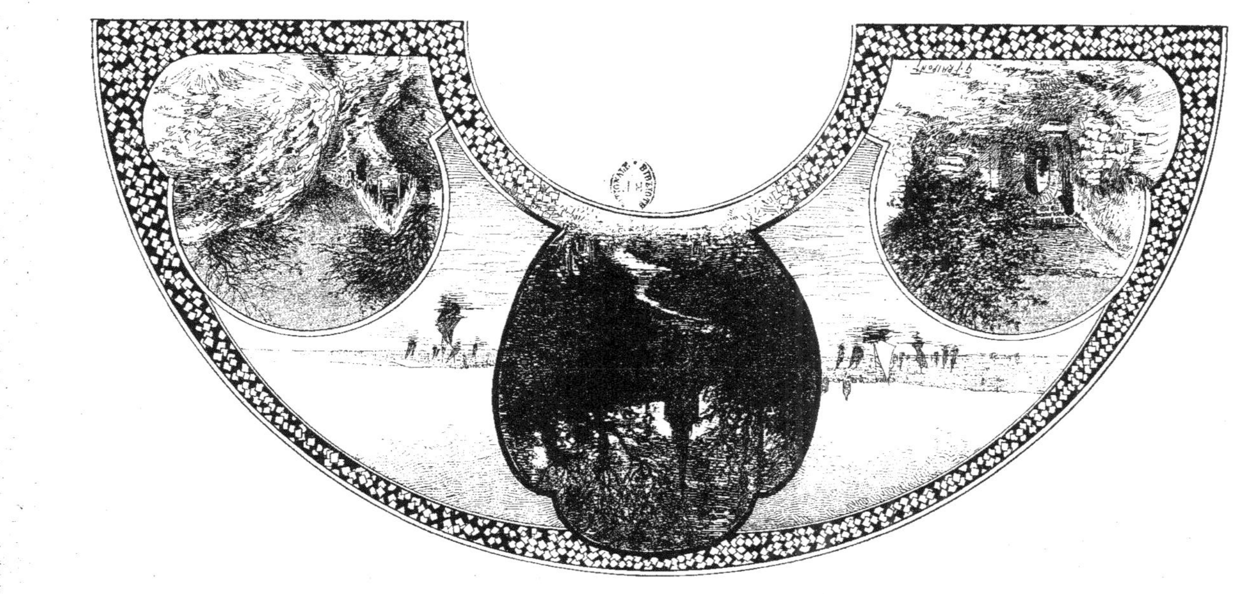

étudier le style aussi bien pour l' « ornement » que pour la « figure » ;
toutes ses parties doivent concourir à donner l'illusion ; la composition
comme le coloris, l'encadrement comme la monture.

Dans les sujets purement ornementaux, la symétrie est permise, elle est
même souvent nécessaire ; les lignes peuvent intentionnellement chercher la
même direction ou se répéter, comme elles peuvent aussi se contrarier régulièrement ou se renverser ; c'est-à-dire prendre à gauche une courbe ou une
oblique identique — dans un sens inverse — à celle adoptée pour la droite.

Dans le *pittoresque* : le paysage, la fleur, etc., il faut, au contraire, éviter les
lignes parallèles ou celles se répétant en sens opposé.

La silhouette d'ensemble, puis celle des détails, devront toujours préoccuper ;
l'harmonie des lignes et le contraste des formes devront être cherchés avec
soin. Il faudra rompre les lignes trop raides, qui deviendraient désagréables à
voir. Dans les dessins pittoresques ceci est toujours facile : vous avez à votre
service toute la végétation florale, même légumineuse : si la muraille d'une
vieille tour vous ennuie en venant couper d'une façon trop rigide votre sujet,
il vous sera facile de l'habiller de lierre ou d'y faire grimper une glycine
dont les troncs tordus, le feuillage mordoré et les grappes mauves dissimu-
leront la raideur.

Éviter aussi les contours découpés sèchement comme s'ils avaient passé
par l'emporte-pièce ; « envelopper », fondre le plus possible, sans faire

mou pourtant, ce qui est le défaut contraire, tout autant désagréable!

Est-ce à dire qu'il faille fondre partout et ne laisser de formes franchement arrêtées nulle part? Non, c'est au contraire l'opposition entre l'un et l'autre, jointe à l'observation des tons intermédiaires entre les clairs et les foncés, qui donneront de « l'enveloppe » à votre sujet, tout en lui laissant son effet.

Les décorations symétriques sont celles dont on use le moins de nos jours ; on leur préfère des compositions plus fantaisistes, des arrangements plus prime-sautiers, et l'on est plus porté à s'inspirer de la façon de faire des Japonais que de celle de nos pères.

Est-ce un bien, est-ce un mal?... Je pense, pour ma part, qu'un genre vaut l'autre, à la condition que l'un soit aussi bien composé, peint et interprété que l'autre, mais je pense aussi qu'aujourd'hui l'éventail étant d'un usage plus général, sa décoration en est moins soignée (pour les éventails ordinaires, j'entends) et plus souvent exécutée par des mains inexpérimentées que par celles de vrais artistes. Or, des sujets jetés de façon capricieuse — pour ne pas dire quelconque — sont plus faciles à trouver que des compositions serrées de dessin et de facture.

Quoi qu'il en soit, si vous faites « bien », peu importera le *genre* que vous aurez adopté : « Tous les genres sont permis, hors le genre ennuyeux », a dit Voltaire, et Voltaire avait raison !

CHAPITRE VIII

LA COMPOSITION DES ÉVENTAILS, ÉCRANS, PARAVENTS, PAR RAPPORT A LEUR DESTINATION

Tout sujet, nous l'avons dit, prête à la décoration des charmants bibelots qui nous occupent. On peut, sur les uns et sur les autres, donner libre cours à sa fantaisie, dépenser tous les frais d'imagination qu'on possédera, mettre tout son brio.

Tout coloris y est autorisé, les notes claires et les notes sombres y peuvent chanter tour à tour; les bleus, les rouges, les jaunes y viendront briller, les gris, les bistres, les noirs, les accompagneront en les faisant vibrer davantage.

Vous pourrez gaiement faire éclater vos couleurs ou tendrement les adoucir... « Toute la lyre! toute la gamme! »

Il est pourtant deux choses dont il faut se préoccuper avant tout :

Les goûts du destinataire ;

L'emploi qu'il fera de votre œuvre.

Je sais bien que souvent on ignore les deux et que maints artistes composent éventails ou écrans sans savoir par quelles jolies mains ceux-ci seront tenus ; ils ne recherchent alors que sujets amusants ou gracieux, gais ou tendres, choisissent le *genre fleuri* ou le *genre animé*, suivant l'inspiration. Ils ne se préoccupent — les vrais artistes s'entend — qu'à bien composer, à bien exécuter, à faire œuvre d'art en un mot — tel le peintre faisant un tableau « pour lui », choisit un sujet qui lui plaît et le traite « comme il lui plaît » sans songer au clou auquel un jour il sera accroché.

Libre dans ses allures et n'ayant à obéir qu'à son inspiration, l'artiste a plus de chances de réussir que lorsqu'il se trouve enserré dans un programme — souvent bizarre, quelquefois absurde — dont il est, du reste, toujours libre de décliner les exigences si celles-ci heurtent sa manière de voir ou de comprendre le sujet qu'on lui demande. Il ne faut pas faire de concessions sur ce terrain-là car, somme toute, on est responsable de l'œuvre sur laquelle on a apposé son paraphe et il ne faut jamais se mettre dans le cas de le voir s'étaler là où on pourrait le regretter plus tard.

Par « concessions » je n'entends point dire qu'il ne faille accepter aucune idée autre que la sienne! S'il est avec le ciel des accommodements, il en est aussi avec les artistes, qui ne sont ni plus bêtes ni plus grincheux que d'autres, — au contraire, — mais il faut qu'on les laisse libres de développer une idée comme ils l'entendent. Il ne faut pas accepter, par exemple, qu'on vous impose de planter une

LA PLUIE
LE SOLEIL
LA NEIGE
LE VENT

fleur à gauche, un arbre à droite; de bâtir une maison au-dessus et de faire
couler l'eau au-dessous alors que vous préférerez mettre la fleur à droite,
l'arbre à gauche, la maison auprès de l'arbre et pas d'eau du tout.

Il me souvient d'un « amateur » qui me demandait de glisser, dans une
composition que je faisais pour lui, la vue de son château, prise du milieu
de la cour principale, mais de façon qu'on en vît *les quatre faces*. Devant
mon ahurissement il ne se démonta point, c'est justice à lui rendre. Quand
j'eus repris mes sens et que je lui expliquai l'impossibilité où je me trouvais
de dessiner en même temps ce que j'avais devant moi et ce que j'avais der-

rière, je compris à son regard, qu'il me prenait pour un parfait imbécile ; et
haussant les épaules il me dit fort tranquillement :

« Eh bien, mais... vous n'avez qu'à vous retourner!... »

Je lui ai tout bonnement retourné sa commande!

Lorsque l'éventail ou l'écran que vous peindrez sera fait à l'intention de
telle personne de vous connue — ce qui vous arrivera souvent car il est peu de
souvenirs plus charmants que ceux-là, — alors il faudra songer, avant même de
songer à votre composition, aux deux points dont nous parlions tout à l'heure.

Faire une œuvre du goût de la personne à laquelle vous désirez l'offrir
est, avouez-le, le point capital, car je ne sache pas que ce soit précisément
pour lui être désagréable que vous lui en fassiez hommage !

Toutes les femmes aiment les fleurs, c'est certain; vous avez donc déjà

toute la flore à exploiter — il y a de quoi faire — mais toute femme a sa fleur de prédilection qu'il s'agit de connaître, ce qui est toujours facile ; celle-ci préférera la rose au bluet ou le jaune au vert ; choisissez comme sujet la fleur aimée et l'étoffe de la couleur préférée.

Si les femmes adorent les fleurs, il en est beaucoup qui, en dehors des oiseaux, détestent les bêtes, poussent des cris d'effroi en voyant une souris — même en effigie — ou des cris d'horreur en apercevant une araignée — même en peinture. Il est évident que, dans ce cas, vous vous abstiendrez de vous inspirer de certain croquis du présent volume, dont les souris blanches font les frais ou de cet autre où une petite araignée inoffensive tisse sa toile !

Les crabes, les tortues, les grenouilles qui ont la prétention d' « illustrer » ce modeste bouquin, n'auront leur raison d'être en écrans, paravents, même en éventails, qu'autant que vous saurez que la future propriétaire de ces objets n'est point trop nerveuse et ne vous dira pas, en guise de remerciement : « Oh ! les horribles bêtes ! »

Ne pas faire, en un mot, ce qu'on appelle en terme un peu libre des... *gaffes !* (Pardon !) Il en est d'un autre genre, des gaffes : offrir, par exemple, un éventail dont la fleur de lis ferait le principal ornement, à la femme d'un député ultra-radical ou un éventail rouge à fleurs rouges à celle d'un légitimiste... L'une ou l'autre pourrait vous faire sentir « aimablement » combien la discrète allusion — que vous n'y aurez point mise — a été « goûtée ».

Attrape ! mon garçon. Il fallait réfléchir avant !

Notez qu'il est des personnes très ingénieuses qui trouvent toujours l'allégoric où il n'y en a pas, inversement à celles qui ne la démêlent jamais là où elle existe.

Celles-là sont les plus difficiles à satisfaire; gare les mécomptes! Mais, rassurez-vous, c'est l'exception : les objets dont il s'agit ici s'adressent surtout aux femmes, trop fines pour ne pas comprendre ce que *peindre veut dire;* celles auxquelles nous faisions allusion n'existent peut-être, après tout, que dans notre imagination.

On pourrait presque classer par *genres d'emplois* les éventails, les écrans, les paravents; les cataloguer comme en une annonce :

Éventails, écrans, etc., pour bains de mer,

—   —   pour villégiature,

—   —   pour sport, etc., etc.

Le fait est que si l'éventail sert à faire du vent, l'écran à garer de la chaleur et le paravent à éviter l'un et l'autre, la décoration de chacun d'eux doit être quelque peu subordonnée à l'endroit où les uns et les autres rempliront leur office.

Destinés aux bains de mer, on choisira de préférence comme sujets, des bateaux, des marines, etc.

Pour la campagne : du paysage, des fleurs, sur étoffes de tons clairs, gais, tout comme les toilettes qu'on arbore en villégiature !

Pour les sports, courses, concours hippiques : des chevaux, des chiens, sur tons d'étoffes plus criards, plus vifs de coloris !

Il y a encore, et surtout, l'éventail « souvenir », rappelant l'événement qui a fait naître l'occasion de l'offrir, ou l'éventail « de circonstance », mariage, naissance, fête, anniversaire, que sais-je!

Vous ne vous attendez pas, je pense, à ce que je vous détaille les sujets à traiter sur vos *éventails souvenirs*?

Pour vous donner mon avis, il faudrait d'abord que vous me fissiez vos confidences, ou que je vous fisse les miennes, pour vous expliquer ensuite comment j'en comprendrais « l'illustration ». Comme vous n'avez sans doute pas plus envie de me conter vos affaires que d'écouter les miennes, ce qui serait intempestif, je préfère m'abstenir.

Qu'il me suffise de vous dire que l'éventail ou l'écran sera gai ou mélancolique, gracieux ou drolatique, suivant le fait qu'il veut rappeler et dont il désire fixer la mémoire.

Il aura comme motif une touffe de fleurs qu'on aura cueillie, un paysage qu'on aura vu, un château ou une chaumière qu'on aura habité — voire une scène dont on aura été les spectateurs... ou les acteurs!

Les sujets en seront espagnols, hollandais ou russes, africains ou asiatiques s'ils doivent rappeler un voyage, remémorer certaines vues de pays parcourus!

S'agit-il de flatter une maman?... Faites une composition dont les bébés seront les héros! Rien de joli comme ces petits mignons roses et blancs! fort peu disposés, par exemple, à se tenir coi pour se laisser portraiturer, il vous faudra avoir recours aux poupées Jumeau, beaucoup plus sages et plus obéissantes, elles sont ravissantes au possible; attifés de soie et de satin, coiffés de chapeau à ailes et à plumes, ils sont tout à fait fin de siècle, ces babys.

Un chiffre, une armoirie peuvent suffire à la décoration d'un objet, mais encore faut-il que l'un et l'autre soient bien dessinés, bien posés, que leurs tons se marient bien avec celui du fond; les couleurs des armoiries sont immuables, me direz-vous; je le sais, mais vous peindrez l'*azur* d'un bleu plus ou moins vif, plus ou moins gris ou violacé et les *gueules* d'un rouge plus ou moins ardent, plus ou moins carminé ou orangé, suivant la nuance du fond.

Les armoiries et les chiffres, ingénieusement disposés, sont de charmants motifs tout trouvés, que peu de chose, quelque fleur bien plantée ou quelque vue spirituellement indiquée, viendront à ravir agrémenter.

Si l'écran, l'éventail, changent de place à tout instant, passent de main en main, sont fort inconstants l'un et l'autre en somme, le paravent lui, est plus calme; il n'est plus « bibelot », il est « meuble », et, en cette qualité — en est-ce une? — il est moins remuant (ce qui est illogique, en somme, l'étymologie de meuble étant *mobilis*, mobile); il a généralement une pièce de prédilection dans laquelle il a élu domicile et qu'il ne quitte qu'aux grandes circonstances! Son domaine est la chambre à coucher ou le cabinet de toilette, le salon ou le fumoir.

Dans certains cas, il est nécessaire que l'étoffe du paravent soit assortie à celle des tentures et que sa décoration, tout en ajoutant une note gaie, reste

dans la tonalité générale et dans le caractère de la pièce, mais le plus souvent l'ornementation et le coloris d'un paravent sont, au contraire, tout à fait fantaisistes et n'ont aucun rapport avec l'entourage.

Beaucoup de salons, aujourd'hui, sont meublés à l'instar des ateliers de peintre; on y voit des meubles de tous styles, des bibelots de toutes époques, des étoffes de toutes provenances et — à mon sens du moins — cela n'en est que plus gai, que plus amusant à voir. Le paravent destiné à une pièce de ce genre pourra être... ce qu'il voudra; il sera jaune, bleu, vert ou rouge, tissé de soie ou d'or. Que sa décoration soit multicolore ou monochrome il fera également bien à la condition d'être artistique, mais non éclatant au point d'attirer sur lui seul toute l'attention.

La peinture de ce genre de paravents est des plus aisée, du moins comme idées à trouver, puisque tous sujets sont autorisés et toutes couleurs permises.

5

Plus difficiles sont ceux qui, destinés à être placés dans une pièce d'ameublement plus... tranquille, devront épouser quelque peu, sinon tout à fait, la tenue générale.

Les sujets, alors, ne devront plus être laissés au hasard, mais adroitement conçus : Un paravent fait pour une chambre à coucher ou un cabinet de toilette de femme élégante, comportera les fleurs, les oiseaux, les amours, des ornementations gaies, pimpantes; les étoffes en seront claires, brillantes. — Si c'est dans l'appartement d'une douairière qu'il doit intercepter les courants d'air, le paravent sera décoré de façon plus discrète, sur étoffes de tons plus sourds; la décoration en sera plus sévère.

S'agit-il d'un paravent de salle à manger? Toute la famille légumineuse et florale entrera en danse; toute la volaille, tout le gibier y seront sacrifiés !... la gent poissonneuse y nagera en pleine eau!

Les carottes, les navets, les choux, rouges ou blancs, frisés ou non, les pêches de Montreuil ou d'ailleurs, les raisins de Malaga ou le chasselas de Fontainebleau vous donneront prétexte à des compositions charmantes, à la condition toutefois de les disposer spirituellement et de savoir tirer parti des formes intéressantes et des tons superbes qu'ils étalent.

Les lièvres, les lapins, le dindon imbécile ou le faisan superbe; le brochet goulu ou le saumon rose, voilà des sujets merveilleux pour qui sait s'en servir.

« Ça n'est pas nouveau, ça! »

Comme motifs à employer, c'est possible, mais cela peut être tout à fait neuf d'arrangement, de disposition; et puis, voulez-vous bien me citer quelque sujet n'ayant jamais été traité?... Je ne saurais, du reste, assez vous le répéter, l'originalité réside non dans le sujet lui-même, mais dans la façon dont on l'interprète!

Des pipes, des paquets de tabac, du papier à cigarettes, etc., etc.; cela non plus n'est pas neuf, pas plus que le jeu d'échecs, les dominos, les jeux de cartes ou de dames, le jaquet, — même le folichon loto — et pourtant les premiers conviendront à ravir pour décorer les feuilles de paravent d'un fumoir et les seconds pour celles d'une salle de jeu, de même que les tritons et les dauphins, les naïades et les sirènes, ont leurs places toutes trouvées dans les salles de bain!

Oh ! les sujets à traiter ne vous manqueront jamais ! Les trouver n'est point très difficile, les agencer et les peindre, cela l'est davantage.

CHAPITRE IX

QUELQUES MOTS DU « DESSIN »

Quel que soit « le genre » auquel vous ayez l'intention d'utiliser votre talent — si vous en avez — ou, auquel vous vouliez ployer celui que vous désirez acquérir, il est indispensable *avant tout* d'apprendre à dessiner. — Vouloir peindre avant de savoir faire une mise en place serait une grave erreur et un moyen certain de ne jamais faire rien qui vaille.

Il est déjà si difficile de rendre exactement les formes d'un objet, qu'il serait audacieux d'en vouloir en même temps rendre les couleurs.

Le dessin doit donc être l'unique préoccupation de quiconque débute ; on apprend à dessiner comme on apprend à écrire, le dessin a ses règles immuables comme la grammaire a les siennes ; l'un est à l'art ce que l'autre est à la langue, et les fautes de dessin sont aussi désagréables à voir que les fautes de français à entendre.

Comment peut-on apprendre ? Mon Dieu, c'est bien simple : si c'est en forgeant qu'on devient forgeron, c'est en dessinant qu'on devient dessinateur. Le meilleur professeur c'est la nature, si vous voulez vous en rapporter à elle vous aurez vite fait d'acquérir le savoir nécessaire ; puis demandez des conseils à quelque artiste de talent — il n'en manque point — priez-le de vous signaler vos fautes, de vous faire voir vos erreurs, de corriger vos essais ; et vous arriverez vite à comprendre suffisamment les formes et les valeurs — que vous serez habitué à transcrire en blanc et noir — pour vous permettre ensuite de vous essayer au coloris.

Que vous vous cantonniez dans l'étude de la fleur ou du paysage ou que vous désiriez faire de la figure, le moyen à employer est le même :

Dans la fleur ou le paysage vous avez à vous préoccuper de la forme et de l'effet ; dans la figure vous avez non seulement l'un et l'autre, mais encore

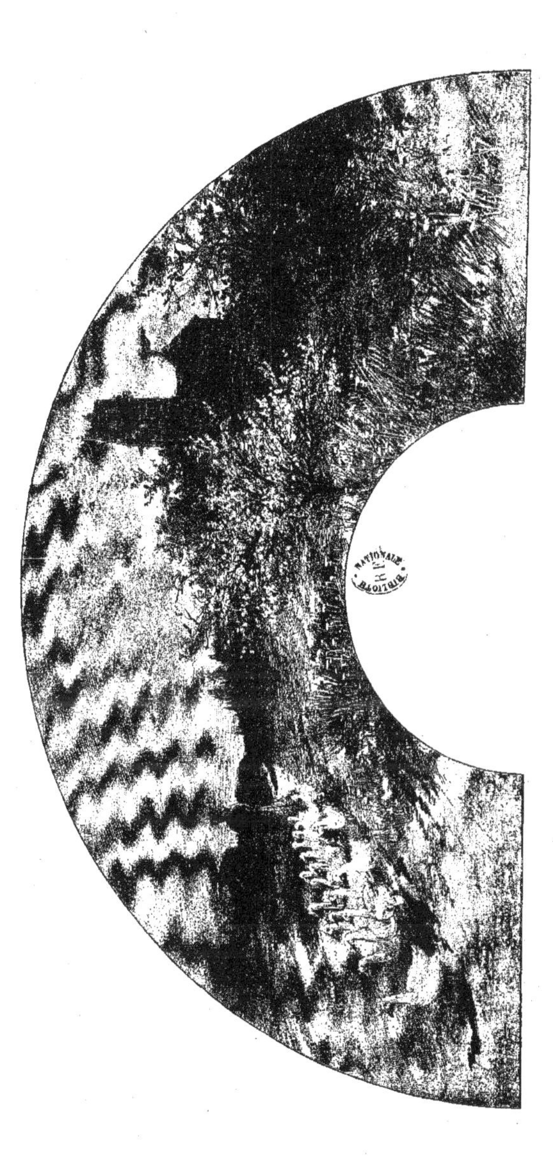

l'expression, l'allure ! Attendez-vous donc à un travail plus long et plus difficile ici que là.

Songez à toutes les qualités que doit réunir une figure pour être « bien ».

Si la fleur est ce qu'il y a de plus varié comme formes et comme couleurs,
si le paysage se présente sous mille aspects suivant le jour qui l'éclaire, la
figure est on ne peut plus complexe. Charles Blanc dit : « Le corps humain est
une machine d'autant plus admirable que le mécanisme est évident pour
l'esprit, mais voilé au regard ; à chaque instant cette géométrie vivante est

dissimulée par le mouvement, rompue par la perspective, masquée par la grâce. » Que d'expressions à rendre, que de mouvements à saisir et quelles difficultés pour que les unes concordent avec les autres ; il y a en ceci plus qu'une étude de « dessin » proprement dite, il y a un talent d'observateur qu'il faut acquérir.

L'expression ne réside point seulement dans le visage, mais dans tout le reste de l'individu et chaque membre a son expression propre !

Est-il rien de plus manifestement varié que les mouvements de la main ? Comme l'a dit Montaigne :

« Par les mains nous requérons, nous promettons, appelons, congédions,

menaçons, prions, supplions, nions, refusons, interrogeons, admirons, nombrons, confessons, répétons, craignons, doutons, instruisons, commandons, encourageons, jurons, témoignons, accusons, condamnons, absolvons, injurions, méprisons, défions, flattons, applaudissons, bénissons, moquons, réconcilions, exaltons, réjouissons, attristons, déconfortons, désespérons, étonnons, examinons, taisons. »

Avant d'arriver à faire exprimer tout cela à une main, et de faire exprimer la même chose au visage, il faut bien, vous l'avouerez, savoir *quelque peu* dessiner. Lorsque vous serez capable d'illustrer mot à mot la citation de Montaigne, vous serez capable, croyez-moi, de décorer tous les paravents du monde et de produire tous les tableaux que vous voudrez, mais rassurez-vous : il est permis d'en savoir beaucoup moins avant de se mettre à peindre.

Si ceci était le *criterium*, peu de gens, je
pense, se risqueraient à manier le crayon
ou la brosse... moi tout le premier !

Nous ne voulons point effrayer
ceux dont l'intention serait de faire
du « bonhomme » — ce serait, au
reste, un fort mauvais moyen pour les
engager à continuer — nous avons
cherché tout bonnement, en nous
appuyant sur cette belle et originale
citation, à faire bien sentir la variété
des mouvements humains afin que
l'on déduise de là, combien aussi
doivent être variées et sérieuses
les études de ceux qui les veulent
exprimer par le dessin ; nous avons
voulu faire voir l'importance de

la ligne jouant le rôle prépondérant alors que la couleur ne remplit qu'un
rôle presque secondaire.

« Mais, sapristi ! quel rapport tout ceci peut-il bien avoir avec le sujet qui
nous intéresse et quel besoin de tout cela pour peindre un pauvre petit
éventail ou une simple feuille de paravent ? »

Peut-être, oui, pour certains, mais non pour d'autres qui cherchent vraiment à bien faire ! M'est avis que pour savoir très peu il faut étudier
beaucoup.

Veuillez vous remémorer tout ce qu'on vous a fait apprendre au lycée ;
passez en revue tous les bouquins qu'on vous a forcé à feuilleter — à
votre corps défendant — tous les devoirs que vous avez dû *potasser* —
sous peine de pensums — et dites-moi franchement si, quelque bon élève
que vous ayez été, vous êtes sorti de là transformé en puits de science !

Tout ce que vous avez appris alors vous sert aujourd'hui de base ; en
dessin il en sera de même ; croyez-moi, quelque loin qu'en ceci vous poussiez
vos études, vous ne le regretterez jamais et puis, il ne faut pas être exclusif :
si comme sujets à ornementer nous avons pris l'éventail, l'écran et le para-

vent, rien ne vous force à ne décorer que cela. — Si nous avons cité surtout ces divers objets c'est que, mieux que tous autres, ils comportent la variété de « matières » et de « procédés » mais rien ne vous empêchera d'employer votre talent à d'autres œuvres décoratives de dimensions plus grandes et nécessitant des compositions plus vastes — une œuvre fait souvent naître l'idée d'une autre œuvre plus importante et la peinture d'une feuille de paravent peut très bien susciter chez vous l'envie de faire des pages décoratives de plus d'envergure : panneaux, plafonds, que sais-je?

En somme notre but a été, dans les quelques lignes qui précèdent, de vous faire voir avant tout l'utilité du dessin et de vous prémunir contre le désir de colorier trop prématurément.

Il va sans dire, n'est-ce pas, que ceux qui voudront se distraire seulement, n'auront pas à chercher aussi loin : ils se préoccuperont avant tout de ce qui pourra les « amuser »; ils ne prendront ici que juste ce qu'il leur faudra pour n'être pas désorientés et laisseront tout le reste, mais puissent-ils, néanmoins, se bien persuader qu'en se donnant quelque peine, tout d'abord, ils n'éprouveront par la suite que plus de plaisir à peindre ; ayant aplani le chemin, la route n'en sera que plus facile et plus agréable à suivre.

DEUXIÈME PARTIE

L'ART DE PEINDRE

CHAPITRE X

TRANSITION DE L'ART DE COMPOSER
A L'ART DE PEINDRE

Ceux qui ne cherchent uniquement ici que des indications techniques pour peindre éventails ou paravents, écrans ou panneaux décoratifs, ont dû se dire que nous abusions quelque peu de leur patience — si toutefois ils ont eu celle de nous suivre jusqu'ici. — Peut-être même nous ont-ils déjà envoyé « à tous les diables » trouvant un peu long le chemin que nous leur faisons parcourir. Pour nous faire absoudre nous invoquerons plusieurs motifs. D'abord ce livre porte en tête : *l'Art de composer...* bonne raison pour parler de la composition ; et ensuite notre but, en essayant de l'écrire, a été de faire tous nos efforts pour le rendre utile à tous, si possible : à ceux qui ne sachant ni dessiner ni composer voudraient être guidés quelque peu, comme à ceux qui, sachant faire les deux, n'ont besoin que de connaître les procédés de métier indispensables pour appliquer leur savoir — leur talent même — à un genre tout spécial ; ceux-ci trouveront plus loin des indications que nous nous sommes efforcé de rendre aussi complètes et surtout aussi claires que possible ; mais nous devons les avertir charitablement que, ne nous adressant pas exclusivement à eux — nous venons de le dire — nous allons être forcé de les promener encore quelque peu en dehors de leur sujet ; or, comme nous ne voulons point qu'ils nous trouvent aussi

6

ennuyeux que bavard, nous leur conseillons fortement de passer tout ce qui suit — il est trop tard pour leur dire de passer ce qui précède — et de

s'en rapporter uniquement au — ou aux — chapitres qui les intéresseront directement.

Là ! me voilà plus tranquille !

Nous ajouterons que si ce volume a pris des proportions un peu plus étendues qu'il ne semblerait le comporter, il ne faut en accuser que notre désir de voir toujours l'éventail, l'écran, le paravent, traités en véritables œuvres d'art !

Pourquoi donc l'artiste qui voudrait se vouer uniquement à la décoration des uns et des autres ne ferait-il pas, dans ce but, des études aussi sérieuses que le peintre qui veut exécuter un tableau ?

Pourquoi, sous prétexte que ces objets ne sont point destinés à être, sous cadres, appendus aux murailles (sauf certains éventails pourtant) ne seraient-ils point aussi soignés d'exécution, de dessin et de coloris que des tableaux ?

Est-ce parce qu'ils sont « objets d'usage » qu'ils ne doivent pas être « objets d'art » ? Évidemment si vous ne voyez en éventails ou paravents qu' « ustensiles pour faire du vent ou pour vous en garer » l'ornementation que vous y mettrez importera peu ; que celle-ci soit artistique ou non, qu'elle comporte des oiseaux ou des fleurs, le vent n'en sera ni moins violent ni plus atténué.

Si dans un plat de Bernard Palissy vous ne voyez qu'un plat, si dans une aiguière de Benvenuto Cellini vous ne découvrez qu'un pot à eau, inutile de posséder l'un et l'autre : l'assiette en faïence ordinaire ou le pot de terre feront tout aussi bien votre affaire.

Des mets exquis le seront tout autant dans de la vaisselle unie que dans de la vaisselle historiée... si vous avez bien faim surtout. De même si vous avez bien chaud un éventail uni vous rafraîchira tout autant qu'un autre richement décoré.

Ce n'est donc nullement au point de vue « utile » que nous nous plaçons ici, mais bien au point de vue « artistique », et c'est pour cela que nous insistons sur la composition autant que nous comptons insister sur le coloris.

Dans l'éventail, l'écran, le paravent vous avez l'avantage énorme de la forme ; un tableau est toujours rectangulaire, tandis que, dans les sujets qui nous occupent, vous pouvez profiter des contours extérieurs pour vos compositions ; une fantaisie qui ne serait pas toujours de mise dans un tableau est autorisée ici, — nécessaire même ; sachez en tirer parti et ne vous contentez pas « d'à peu près », sous prétexte que ce n'est qu'un éventail, que ce n'est qu'un écran !

Dites-vous bien que de grands artistes n'ont pas dédaigné d'employer leur talent à des œuvres de ce genre et que du reste une belle œuvre sera tout aussi bien à sa place sur la soie d'un éventail que sur la toile d'un tableau.

CHAPITRE XI

DU COLORIS

Bien que le dessin doive toujours conserver la prépondérance sur le coloris, il est essentiel que celui-ci soit non seulement juste de ton, mais encore et surtout juste de valeurs, sous peine de nuire à celui-là !

La valeur concourt, en effet, à donner la forme ; telle valeur mal posée pourrait faire sembler convexe un objet concave, ou vice versâ ; telle ombre donnerait un relief exagéré à un objet presque plat ; trop faiblement indiquée elle lui enlèverait le relief qu'il possède en réalité ; — les objets seraient ainsi déformés ou ne resteraient point à leur plan.

Il faut donc bien étudier les « valeurs » avant même d'étudier la « couleur ».

C'est là une des grandes difficultés de la peinture.

Comment, en effet, apprécier la valeur d'un ton par rapport à un autre ton ? Entre deux rouges, deux bleus ou deux verts, évidemment c'est facile, mais entre un rouge et un bleu, entre un bleu et un vert, comment vous y retrouverez-vous ? Il y aura là pour vous, au début, de l'hésitation ; attendez-vous à vous embrouiller quelque peu, à vous tromper beaucoup. Vous donnerez la valeur à un vert alors que c'est au rouge que vous eussiez dû la réserver ; c'est votre bleu que vous mettez en évidence quand c'est le jaune qui eût dû y être mis ! .

Le plus malin s'y perd, ce n'est qu'à la longue qu'on arrive à apprécier exactement l'importance de chaque note. L'étude du *ton*, celle de la *couleur*, et celle de la *valeur* sont donc essentielles, car ce sont là trois choses bien différentes qu'il ne faut point confondre : « La valeur d'un objet, en peinture, dit Charles Blanc, est le degré de force avec lequel il réfléchit la lumière. Dans le clair-obscur d'un tableau qui représenterait un groupe de fruits, par exemple, une orange aurait moins de valeur qu'un citron, parce que l'orangé est moins lumineux que le jaune.

« Au surplus, la nature elle-même nous montre à chaque instant des substances qui n'ont pas le même ton, bien qu'elles aient la même couleur. Le lilas, par exemple, qui ressemble à la violette par la couleur, en diffère

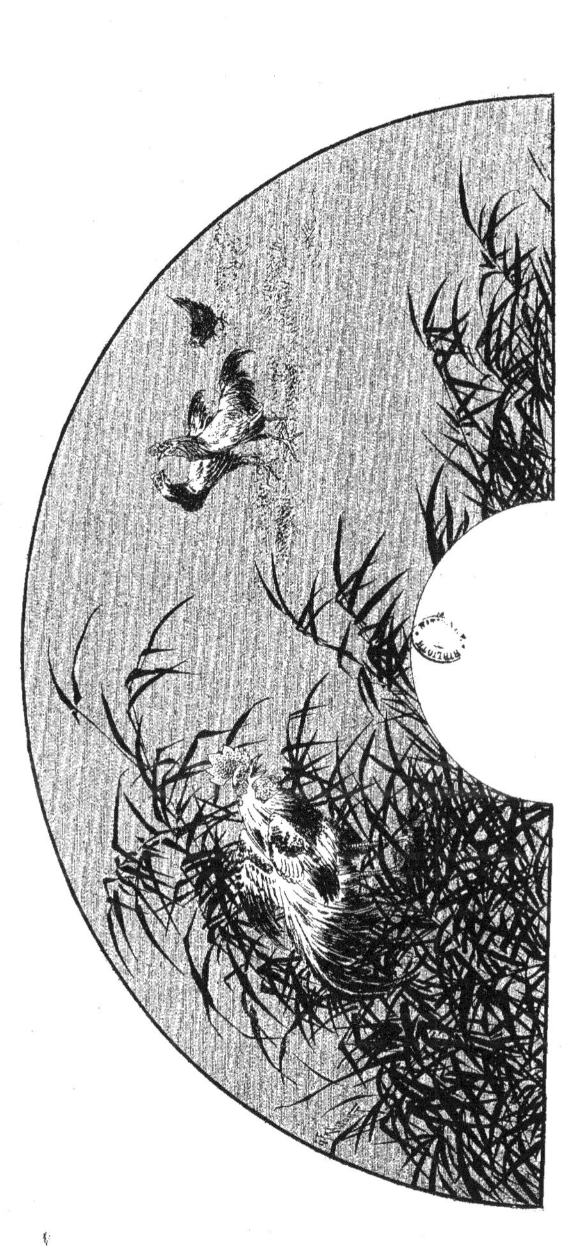

cependant par le ton, puisque le lilas est un violet clair et la violette un lilas foncé. Réciproquement deux objets présentent parfois des tons égaux et des teintes différentes. Ainsi lorsque le ciel s'assombrit à l'horizon et devient d'un gris bleuâtre, il arrive souvent que le feuillage de tel arbre qui reste éclairé par le soleil, et qui tout à l'heure se détachait en vigueur sur l'horizon, devient à peu près du même ton que le ciel, de sorte que le peintre a de la peine à discerner si le ciel a plus de valeur que l'arbre, ou si c'est le vert clair de l'arbre qui en a plus que le gris bleu du ciel.

« Cette distinction entre le ton et la teinte, entre la valeur et la couleur, nous amène à distinguer entre le clair obscur et le coloris ; le premier qui particularise les objets par le relief, le second qui les particularise par la couleur. Tant que le tableau demeure monochrome, la peinture est bien loin d'avoir dit son dernier mot ! Il lui reste encore à traduire les valeurs en couleurs, à revêtir de nuances sans fin telles formes qui, dans l'économie du clair et de l'obscur, jouaient un rôle à peu près semblable, à remplacer enfin la lumière blanche, qui enlève les figures les unes sur les autres, par la lumière colorée, qui, venant les enrichir de ses teintes, en rendra l'illusion plus vive, le mirage plus charmant. »

Pour bien démêler les valeurs et les tons, il faut d'abord simplifier le plus possible, faire en sorte de ne voir que les masses en négligeant les détails ; ceux-ci viendront après. — Le Titien disait que dans une grappe de raisin chaque grain en particulier offre son clair, son reflet et son ombre ; prise dans son ensemble, la grappe ne présente plus qu'une large masse de lumière soutenue par une large masse d'ombre. Clignez fortement les yeux et regardez attentivement les paupières mi-closes, le sujet que vous désirez interpréter ; vous isole-

rez ainsi les masses des détails, vous verrez les parties se détachant en vigueur, celles qui restent, en demi-ton, celles qui s'estompent tout à fait.

Si vous trouvez vos valeurs « justes » le coloris, même imparfait, ne tuera point votre œuvre.

Cela est si vrai qu'en décoration surtout, on se sert souvent de couleurs purement conventionnelles ; dans maints sujets, une fois les formes trouvées, les valeurs indiquées, une fois en un mot la composition bien en place, on peut se livrer à toutes les fantaisies de couleurs imaginables ; toutes combinaisons de tons sont permises si elles sont agréables à l'œil.

Je cite encore Charles Blanc, qui définit admirablement le rôle de la couleur dans cette phrase : « Il est juste de dire que le dessin et la couleur sont en peinture ce que la mélodie et l'harmonie sont en musique ; la première étant plutôt l'invention du musicien, la seconde n'étant, d'ordinaire, que la coloration de ses motifs. »

CHAPITRE XII

DE LA COULEUR DANS LA COMPOSITION

Il est deux façons de comprendre une œuvre décorative :

Se borner à composer d'après des éléments pris sur nature et en s'efforçant à rendre la couleur réelle de chacun ; ou chercher une coloration de fantaisie en ne se préoccupant plus alors des nuances réelles de chaque objet, mais en combinant des tons se faisant valoir les uns les autres.

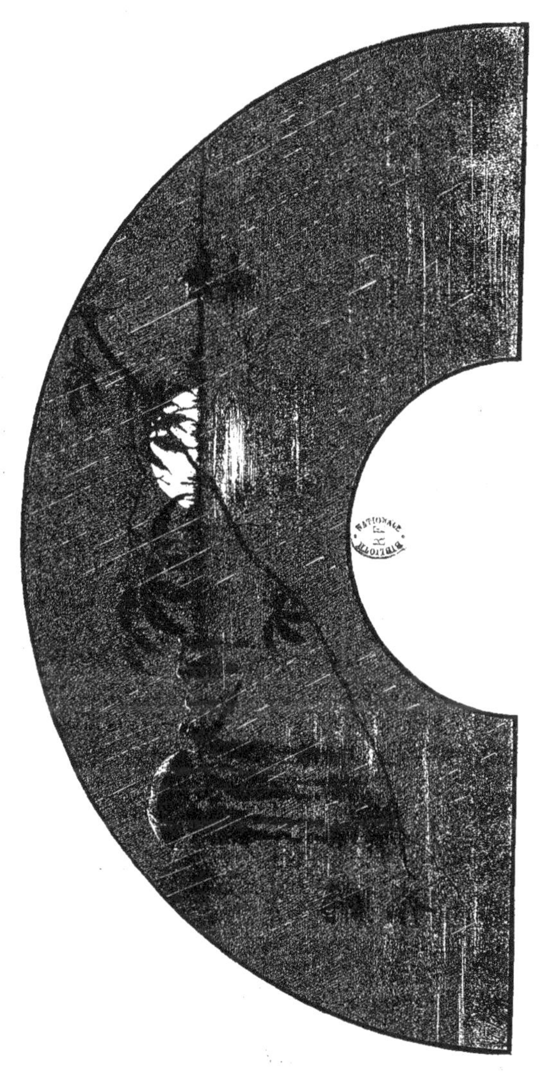

Dans une composition purement ornementale, c'est toujours ainsi qu'on procède puisque les ornements n'ont guère de couleur propre.

Dans le premier cas, composition d'après nature, il faut se contenter d'interpréter aussi sincèrement que possible ce que l'on voit et transcrire sur la soie de l'écran ou de l'éventail le motif choisi en l'agrémentant de premiers plans, — pris également sur nature et s'agençant de façon à faire valoir le sujet principal — ou d'une ornementation destinée à mettre ce motif en valeur.

C'est ici qu'il s'agira d'exercer votre talent de coloriste car, s'il faut souvent peu de chose pour mettre en relief une œuvre, il en faut bien moins encore pour la démolir complètement ; une « tache » bien posée fera vibrer tout votre ensemble ; maladroitement placée elle le tuera complètement.

Il faudra, en outre vous préoccuper, c'est très important, de la nuance de l'étoffe sur laquelle vous reproduirez le sujet choisi : ne pas prendre à la légère une soie grise ou un satin bleu ; tel sujet qui fera très bien sur un ton, sera complètement annihilé par un autre ; lorsqu'il s'agit de reproduire exactement un sujet dont on a fait la maquette sur papier, le plus simple est de peindre sur soie d'un ton similaire à celui de ce papier.

Il peut se faire que, pour certaines œuvres à effet violent, une soie de nuance très accusée augmente l'intensité de cet effet ; il faut alors savoir profiter du ton de la soie pour le faire jouer dans l'œuvre peinte et obtenir ainsi une harmonie, un miroitement de couleurs plus chatoyant.

Je suppose un coucher du soleil ou un clair de lune, pour reprendre des exemples déjà cités : — Le premier se déclinant presque uniquement dans les tons jaunes ou orangés pour le ciel et les violets pour les silhouettes fera évidemment bien sur fond de soie jaune (il y aura là deux couleurs complémentaires), le second se modulant presque entièrement dans la gamme des gris bleus acquerra toute sa valeur sur soie grise où les blancs de la lune et les reflets scintilleront admirablement.

Nous ne stipulons ici aucun genre spécial ; ce que nous venons de dire s'adaptant tout aussi bien à la fleur qu'au personnage, à la marine qu'au paysage.

Lorsque l'œuvre que vous voudrez parfaire sera purement conventionnelle ou emblématique, il vous sera aisé de choisir le ton de la soie puisque vous

aurez fait au préalable non seulement un projet de composition, mais encore une ou plusieurs pochades pour le coloris ; dans ces pochades vous aurez essayé des fonds de diverses valeurs et de divers tons, adoptant ceux qui feront éclater votre œuvre, délaissant ceux qui l'eussent assourdie.

Le champ est vaste en décoration : N'étant maintenu par aucune entrave autre que le bon goût, vous pourrez chercher toutes les combinaisons de tons clairs et foncés, tous les cliquetis de couleurs vives ou éclatantes que la fantaisie vous inspirera. Vous resterez dans les notes tendres : les roses, les gris, les verdâtres, les jaunâtres, les bleuâtres, ou vous lancerez des pétards de rouges, de verts, jaunes de chrome et bleu de Prusse !... Tout cela fera également bien si vous savez conserver l'harmonie des tons entre eux ; si vous savez adroitement faire chanter un ton grâce à un autre, exalter une couleur par celle que vous aurez mise à côté.

Mais comment savoir que telle couleur fera résonner telle autre, comment deviner que le voisinage de celle-ci assourdira celle-là ?

Y a-t-il des règles ? Évidemment ! et nous allons tâcher de vous donner quelques éléments sur la loi des complémentaires, elle vous fera comprendre bien des effets et « voir » sur la nature bien des choses qui sans cela passeraient peut-être inaperçues.

Cela vous sera, en outre, d'un très grand secours dans le cas qui nous occupe, et aidera souvent vos recherches de coloris.

CHAPITRE XIII

DES COMPLÉMENTAIRES

On dit de tel peintre : « Il est coloriste ! » de tel autre « Il ne l'est pas ! » Est-ce à dire que c'est là un don naturel et qu'on vient au monde « coloriste » tout comme on y vient gaucher ou bancal, intelligent ou idiot ?... Je ne le pense pas.

Si l'on peut avoir plus ou moins d'aptitudes pour comprendre et rendre l'harmonie des couleurs, le coloris a ses règles, tout comme le dessin, et l'on n'est véritablement « peintre » que lorsqu'on les possède. On arrive alors à les appliquer presque machinalement « parce qu'on sait » de même que lorsqu'on connaît sa grammaire on met l'orthographe presque sans y songer! Passons :

En regardant attentivement l'arc-en-ciel — ou le prisme de cristal qui donne les mêmes tons — on démêle parfaitement six couleurs — violet, bleu, vert, jaune, orangé, rouge. — Newton en ajoutait une septième : l'indigo — et donnait aux sept le nom de « primitives ». Il est prouvé que c'est là une

erreur; on appelle *primitives* les couleurs qui ne peuvent se composer, or, celles-ci ne sont qu'au nombre de trois : LE BLEU, LE JAUNE, LE ROUGE. Il vous est facile de combiner les autres :

Le violet au moyen du rouge et du bleu ;

L'orangé en mélangeant le rouge au jaune ;

Le vert en mariant le bleu et le jaune.

Le violet, l'orangé, le vert sont donc des couleurs *binaires*.

Le bleu, le jaune, le rouge, des couleurs *primaires*.

Entre toutes ces couleurs il est une quantité d'intermédiaires, se subdivisant par tons, demi-tons, quart de tons, etc., depuis les nuances les plus tendres jusqu'aux plus accusées.

Le noir et le blanc ne sont point à proprement parler des couleurs : le premier est l'absence de toute lumière, par conséquent de toute couleur; le second est la lumière absolue, soit la réunion de toutes les couleurs.

Ceci nous amène tout naturellement à la loi des complémentaires dont j'ai parlé ailleurs déjà (1) ; je m'excuse d'y revenir encore, mais le cadre de ce volume me semble l'exiger, et puis je n'ai pas la prétention de croire que ceux qui veulent bien lire ce livre ont lu ses précédents ! — Je reviens à mes complémentaires : on donne ce nom à la couleur primaire qui n'entre pas dans la composition d'une couleur binaire. Le rouge n'a rien à voir avec le vert qui se contente de vivre par le jaune et le bleu. Le jaune est exclu de la famille des violets dont les mariages se font entre bleus et rouges ; les orangés, eux, sont à tout jamais unis avec les rouges et les jaunes.

Il se passe entre les couleurs binaires deux phénomènes curieux : en les plaçant l'une à côté de l'autre elles se font vibrer mutuellement ; mélangées elles passent au gris ; côte à côte elles sont prévenantes l'une pour l'autre ; réunies elles se boudent.

Faites-en la preuve et vous verrez que jamais un rouge ne vous aura paru si rouge que placé à côté du vert ; un jaune à côté d'un violet, un bleu près d'un orangé.

Mariez le bleu à l'orangé, le jaune au violet, le vert au rouge et la résultante de chaque alliage sera un gris, de nature différente, mais gris.

Mélangez à présent les trois primaires : le rouge, le bleu, le jaune, vous obtiendrez également un gris.

Une façon simple d'avoir toujours présent à la mémoire la propriété d'exaltation des couleurs les unes par les autres est celle, fort ingénieuse, qu'indique Charles Blanc : tracer une rose chromatique composée de deux triangles, l'un debout, l'autre renversé. Aux angles du premier poser les trois couleurs primaires, aux angles du second les trois couleurs binaires, comme ceci :

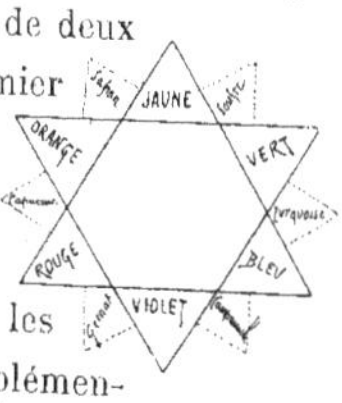

Entre ces six couleurs vous avez les intermédiaires lesquelles, prises par triangles équilatéraux acquièrent les mêmes particularités que les primaires et leurs complémentaires : se détruisent ou se font valoir mutuellement, qu'on les mélange ou qu'on les avoisine. Les pointes d'un des triangles intermédiaires portent

(1) *L'Art de peindre à l'aquarelle.*

les couleurs soufre, capucine, campanule ; les points de l'autre ont le safran, la turquoise, le grenat.

Mêlez les trois premières, puis les trois secondes, vous obtiendrez deux gris.

Placez la couleur soufre près de celle qui lui est diamétralement opposée : le grenat, elles se feront réciproquement vibrer. De même la capucine et la turquoise, le safran et la campanule.

Les complémentaires ont encore, outre ces propriétés de neutralisation ou d'exaltation, celle du rayonnement.

Voici ce que dit à ce propos M. Che-
vreul : « Mettre une couleur
sur une toile ce n'est pas seulement teindre de cette couleur
tout ce qu'à touché le
pinceau, c'est encore
colorer de sa complé-
mentaire l'espace envi-
ronnant ; ainsi un cercle
rouge est entouré d'une légère auréole verte, qui va

s'affaiblissant à mesure qu'elle s'éloigne ; un cercle orangé est entouré d'une
auréole bleue ; un cercle jaune est entouré d'une auréole violette... et réciproquement. »

Il est une particularité dont il est bon de se souvenir : l'ombre se teinte
inévitablement de la complémentaire du clair, surtout par une lumière peu
vive et lorsque le fond est de nature à accuser cette complémentaire.

Charles Blanc raconte comment Eug. Delacroix fit cette remarque. Le grand
artiste peignait une draperie jaune ; ne pouvant obtenir l'éclat qu'il voulait,
il résolut d'aller au Louvre consulter les Rubens, les Véronèse. Le véhicule
qu'on lui amena pour s'y rendre était un cabriolet d'un jaune canari éclatant
(il y en avait beaucoup à Paris, à cette époque). Au moment d'y monter, il
s'aperçut que le violet (la complémentaire du jaune, par conséquent) jouait
sensiblement dans les parties d'ombre... Il avait inopinément trouvé ce qu'il
cherchait et, renonçant à sa visite au Musée, il appliqua aussitôt, à la peinture de sa draperie, la loi qu'il venait de découvrir.

Nous avons dit que deux complémentaires mélangées donnent un gris ;
songez donc à la variété infinie de gris que vous pourrez obtenir en faisant
vos mélanges par doses inégales ; prenez le vert et le rouge, par exemple, en
mettant deux tiers de rouge pour un tiers de vert, vous obtiendrez un gris
rougeâtre ; renversez la dose en mettant deux tiers de vert et un seul de rouge,
votre gris deviendra verdâtre. Vous pourrez donc ainsi arriver à produire
les tons gris les plus variés, aussi les plus harmonieux.

Charles Blanc cite certains effets d'optique dus aux complémentaires ;

nous les reproduisons non qu'ils nous paraissent devoir servir dans la décoration de l'écran et de l'éventail — ceux-ci étant généralement tenus en main et vus de près, par conséquent — mais parce que, pour certaines compositions destinées à être vues à distance — ce qui peut se présenter pour le paravent, — il est bon de les connaître soit pour en tirer parti, soit pour les éviter :

« Lorsque notre œil perçoit simultanément plusieurs couleurs, l'effet résultant tient à la forme des objets colorés, à leurs proportions, à leur manière d'être, de s'agencer entre eux, de se grouper. Pour nous faire bien comprendre, supposons deux complémentaires, le rouge et le vert juxtaposées sur un panneau rectangulaire divisé en deux bandes (fig. 1), les deux couleurs s'exalteront réciproquement, surtout le long de la frontière qui les sépare. Si maintenant nous découpons un autre panneau en bandes parallèles très étroites, et que ces bandes soient peintes alternativement en rouge et en vert (fig. 2) l'œil, ne percevant plus distinctement chacune des bandes rouges et vertes, l'*individualité* de la couleur disparaîtra avec l'individualité de la forme et il arrivera que le rouge et le vert se

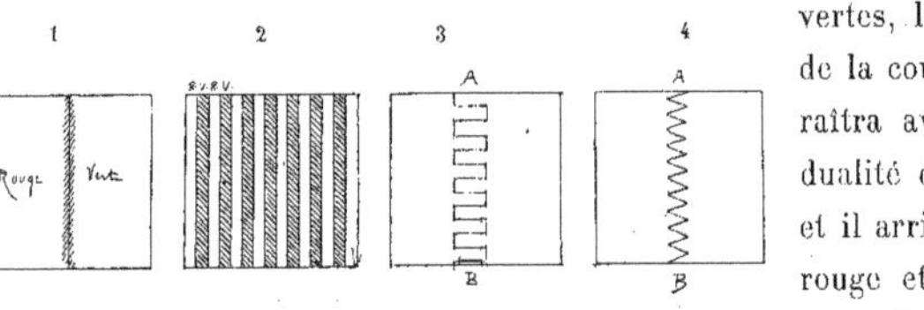

mêlant et se détruisant l'un l'autre par un mélange apparent, mélange optique, le second panneau paraîtra grisâtre et incolore. Que si la ligne de jonction est brisée de manière à permettre la pénétration mutuelle des contraires il se produira sur les lignes A-B des figures 3 et 4 une teinte qui sera parfaitement incolore, à la condition que les dentelures soient assez petites pour que le regard les confonde. Mais si la proportion change et que les dentelures soient inégales, il en ressortira un gris rouge et un gris vert d'une charmante finesse. Un phénomène semblable se produira sur une étoffe jaune constellée de violet et sur une étoffe bleue semée de mouchetures orangées. »

A l'appui de son dire, Ch. Blanc cite des exemples. Vous pourrez les aller consulter et vous rendre compte ainsi, de visu, mieux que vous ne le sauriez faire d'après toutes les explications possibles, fussent-elles claires, du reste, comme le sont celles du grand savant auquel nous avons emprunté les lignes qui précèdent. Ces exemples les voici : d'abord la coupole centrale de la Bibliothèque du Luxembourg peinte par Eug. Delacroix. Ce maître, devant combattre l'obscurité de la surface concave à décorer, chercha à y créer une lumière artificielle par le jeu de ses couleurs ; parmi les figures il est une femme demi-nue, assise sous des ombrages et dont les carnations conservent dans l'ombre la teinte la plus délicate, la plus transparente. Comment ce ton avait-il été obtenu dans des conditions d'éclairage aussi désavantageuses? « Par la hardiesse qu'avait eu Delacroix de sabrer brutalement le torse nu de cette figure avec des hachures d'un vert décidé qui, neutralisé en partie par sa complémentaire, le rose, forme avec ce rose dans lequel il s'absorbe un ton mixte et frais qui n'est sensible qu'à distance, en un mot, une couleur *résultante* qui est justement ce qu'on appelle le mélange optique. »

Le second exemple cité est du même peintre E. Delacroix ; vous le pourrez vérifier dans un des tableaux du musée du Louvre : *les Femmes d'Alger*. Vous y verrez certaine chemise rose semée de fleurettes vertes ; de la réunion de ces deux tons il résulte une couleur spéciale, difficile à dénommer, et impossible à composer sur une palette. C'est un effet d'optique qui le produit, on ne pourrait l'obtenir autrement.

Ceci pourra paraître une digression mais n'est, en somme, que la complémentaire (si j'ose ainsi dire) de la loi des complémentaires.

Soyez persuadé que le résultat que vous obtiendrez, si vous voulez bien vous graver cette loi dans le cerveau, vous fera oublier l'aridité des explications ; au prix de quelques moments d'ennui et de quelques bâillements vous vous éviterez, par la suite, bien des recherches, bien des tâtonnements ; connaissant bien les complémentaires et leurs « singularités », vous agirez avec une sûreté que vous ne posséderiez point autrement ; sans hésiter vous saurez comment vous y prendre pour adoucir un ton trop heurté ou accuser un ton trop estompé.

Dans le sujet tout spécial qui nous occupe on retirera même de la connaissance de tout ceci l'avantage de pouvoir choisir, presque à coup sûr, la nuance d'étoffe qui siéra le mieux à une œuvre ou à savoir. si l'on possède cette étoffe, quel genre de coloration devra le mieux l'enrichir.

Suivant l'effet de couleurs auquel on désire arriver, on procède tantôt par

oppositions, tantôt par analogies. Si des *contraires* bien adaptés font vibrer les tons avoisinants, des *similaires* produisent une remarquable harmonie d'ensemble ; ainsi procèdent les Orientaux — coloristes qui ne sont point à dédaigner — ils arrivent à un effet prodigieux en faisant des applications de tons sur tons : jaunes sur jaunes, bleus sur bleus, etc ; passant graduellement de la nuance la plus douce au ton le plus intense.

Les blancs et les noirs bien posés aident grandement, eux aussi, à donner de l'éclat à une coloration, mais il faut en user prudemment à petites doses, à moins toutefois, d'avoir un parti pris bien arrêté de faire jouer l'un ou l'autre en *dominantes* ou de les adopter comme tons de fond.

Il est utile d'étudier les effets de « voisinage » : Certaines couleurs augmentent d'intensité, placées sur un blanc ou sur un noir; d'autres y perdent de leur valeur : Piqué sur un blanc, le rouge sera plus vif que posé sur un noir, etc.

Ces indications sont suffisantes, je crois, pour vous aider à trouver des combinaisons de tons harmonieux, surtout si vous voulez bien chercher un peu par vous-même; possédant les premiers éléments, cela vous sera facile.

Parmi ceux qui veulent bien me lire, il en sera certainement, d'une nature plus... (oserai-je le dire?...) plus paresseuse! Ceux-là aiment bien la besogne toute faite et les choses toutes triturées de façon à n'avoir plus qu'à s'en servir sans s'occuper eux-mêmes

de trituration ; ils aiment mieux faire éplucher les noix que de les éplucher eux-mêmes ; à mon avis, ils ont grandement tort, car la dose de plaisir est proportionnelle à la dose de peine qu'on s'est donnée pour l'obtenir... Enfin, ceci est affaire à eux et je vais tâcher de les satisfaire en leur donnant quelques indications supplémentaires dont ils pourront faire leur profit.

Les autres lecteurs (la majorité, sinon la totalité, j'en suis sûr), qui aimeront mieux *potasser* par eux-mêmes, — ce en quoi je les approuverai de tout cœur, car ils apprendront plus vite et mieux, — pourront se dispenser de parcourir la nomenclature qui suit, laquelle est peu récréative, somme toute.

Outre les complémentaires, se faisant réciproquement des aménités et luttant de galanterie, lorsqu'elles se trouvent côte à côte, il est des couleurs grincheuses qui ne peuvent supporter une voisine sans la tourmenter au point de la faire sortir de son caractère ; voici quelques exemples :

Rouge près du violet devient plus jaune, — le violet s'atténue.

Rouge près du bleu devient plus orangé, — le bleu verdit.

Rouge près de l'orangé devient plus violacé, — l'orangé verdit.

Rouge près du jaune devient plus intense, — le jaune verdit.

Jaune près de l'orangé paraît verdâtre, — l'orangé s'éteint.

Jaune près du vert paraît orangé, — le vert plus bleuté.

Jaune près du bleu paraît orangé, — le bleu plus violet.

Bleu juxtaposé au vert se violace, — le vert jaunit.

Bleu opposé au violet, verdit, — le violet rougit.

Vert près du violet devient plus jaune, — le violet plus rouge.

Vert près de l'orangé devient bleu, — l'orangé plus rouge.

Violet près de l'orangé devient bleuté, l'orangé jaunit.

Avec cela vous pourrez *coloriquement* vous tirer d'affaire ; s'il en était autrement, c'est que vraiment, malgré toute ma bonne volonté et la longueur de tout ce qui précède, je n'aurai pas su clairement « raconter ». En cas de non réussite vous n'aurez donc à vous en prendre qu'à moi ; d'avance, je fais mon *med culpa* et... je continue !

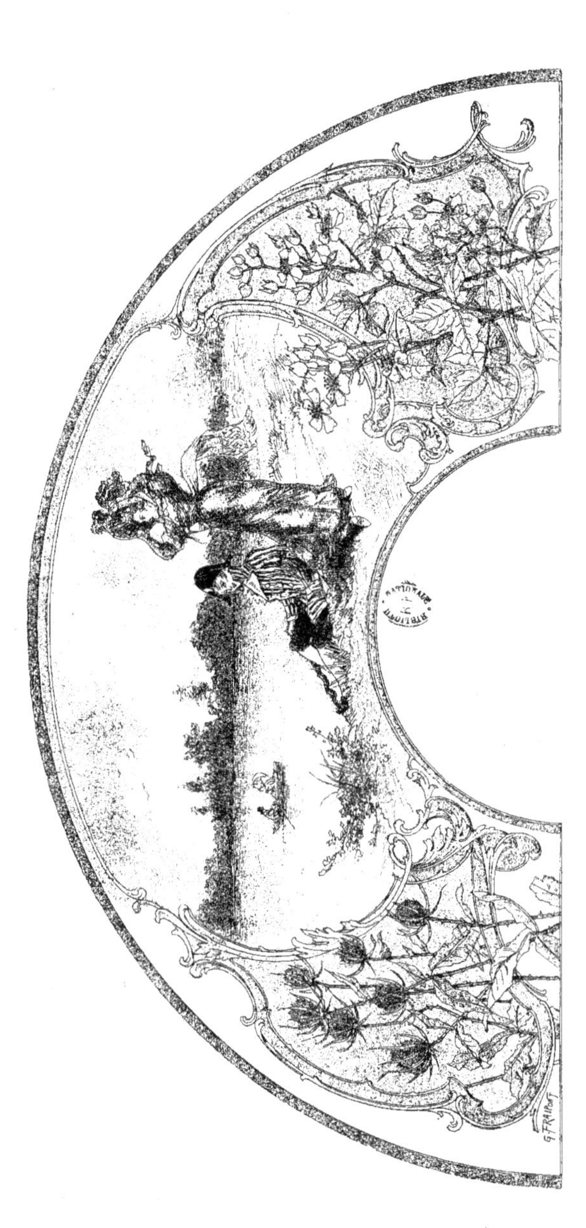

TROISIÈME PARTIE
DES DIFFÉRENTS PROCÉDÉS

CHAPITRE XIV
PRÉAMBULE

Nous passerons à présent, si vous le voulez bien, à l'*exécution*.

Nous admettons que vous êtes sûr de votre dessin et habile à la composition ; nous souhaitons, — et de tout cœur, croyez-le, — que vous ayez acquis un réel talent. — Notre rôle va donc se borner, maintenant, à vous indiquer les moyens « pratiques » de l'appliquer, les procédés de « métier » qui vous manquent, les rubriques que vous ignorez. Rassurez-vous, cela n'est pas terrible et quel que soit, entre tous, le « mode » que vous choisirez, vous aurez vite fait d'y être initié.

Nous avons dit, tout au début, qu'à peu près tout sujet compris et interprété d'originale façon pouvait, à merveille, s'agencer à la décoration d'un éventail, d'un écran, d'un paravent. De même, presque tout procédé peut être employé. Le fusain comme le lavis, la plume comme l'aquarelle, la gouache comme la peinture à l'huile.

Nous allons essayer de passer en revue toutes les méthodes en nous efforçant de n'en omettre aucune.

CHAPITRE XV

LE FUSAIN

Si l'œuvre décorative prête au coloris, elle peut prêter également au blanc et noir, au camaïeu (lavis ou peinture d'un ton unique : bistre, bleu, rouge); cela dépend de l'emploi qu'on en veut faire, du milieu — ceci surtout pour le paravent et l'écran — auquel il est destiné.

Pour le débutant, le dessin au fusain sera le plus aisé; il lui permettra d'arriver vite à un résultat au moins satisfaisant.

Il est bien convenu que nous parlons des divers procédés comme si vous les ignoriez absolument tous et que nous chercherons à donner, par conséquent, toutes les « manières » — voire les *trucs*, les *ficelles*, s'il y a lieu.

Vous êtes un admirable dessinateur, je l'admets volontiers, vous composez merveilleusement, je le reconnais avec plaisir, mais, en tant que *métier*, vous êtes absolument nul — tant mieux si je me trompe! — et c'est un *a, b, c,* que j'ai l'intention de vous donner ici. Votre amour-propre n'en sera point froissé, n'est-ce pas?

Si parfois même certaines indications vous paraissaient puériles, n'en accusez que mon désir grand de me faire bien comprendre.

L'outillage du *fusiniste* est peu compliqué, le voici :

Un *chevalet* — vous êtes même libre d'en avoir plusieurs, — le système importe peu, pourvu qu'ils soient solides et manœuvrent bien.

Châssis de diverses grandeurs pour tendre le papier, avec traverses au milieu permettant le maniement.

Planche à dessin ou *feuilles de carton fort* (épaisseur un demi-centimètre) pour tendre les étoffes. Veiller avec soin à la monture de la planche à dessin, qui doit être en bois contrarié pour éviter le gondolage.

Des *fusains* (naturellement!) et de bonne qualité. Le fusain est « un légume » tellement bon marché que vraiment le prendre de qualité inférieure pour le payer moins cher, serait pousser un peu loin l'amour de l'économie.

Pour réunir toutes les conditions désirables, il doit être gras et doux à manier, permettre les gris les plus légers et les noirs les plus violents : beaucoup de marques sont dans ce cas ; M. Karl Robert, auteur d'un excellent

G. FRAIPONT

traité qu'on fera bien de consulter, attache une grande importance à la qualité du fusain.

Pour dessiner des finesses, il faut du fusain plus dur, plus résistant : le fusain vénitien est tout indiqué.

Pour des ciels, des fonds, etc., on pourra employer de la *sauce de fusain*, c'est-à-dire du fusain en poudre.

Enfin, pour les accents vigoureux et nets, on se servira de crayons Conté ou de crayons Wolff.

Une collection d'*estompes*, de *tortillons*, en papier et en peau ; on choisira une ou deux estompes patte de lièvre, c'est-à-dire plates d'un côté ; elles sont fort utiles pour obtenir de grandes surfaces unies.

Un *grattoir*, soit ordinaire, soit en forme de scalpel : ceci est affaire de goût et chacun choisira celui qui lui semblera le plus maniable.

Enfin de l'*amadou*, de la *mie de pain* rassis, — le pain frais graisserait — de vieux chiffons en toile et en laine.

Vous voilà outillé pour faire des *fusains* de toutes tailles et de tous acabits.

Pour pouvoir léguer ceux-ci à la postérité, vous adjoindrez au tout un flacon de *fixatif*, mélange d'alcool et de résine, que vous trouverez tout pré-paré sous différentes étiquettes que nous ne vous citerons point, pour ne faire de réclame à aucune.

Le fixatif se projette à l'aide d'un vaporisateur du système que vous voudrez. Pour ma part j'emploie le plus simple, qui est aussi le plus fatigant, par exemple, car il faut y souffler soi-même tout comme dans une clarinette ; si je l'ai adopté, ce n'est pas pour cette raison, vous vous en doutez bien, mais parce qu'aucun autre n'a pu résister au fixatif plus de deux fois. Je suis peut-être un maladroit, mais voici ce qui toujours se produisait : les vapori-sateurs à poire sont capillaires, or les résines se déposent, encrassent les ouvertures et, va te promener ! ça ne marche plus. Avec le système que j'em-ploie, composé tout bêtement de deux tubes indépendants coudés par une charnière — tubes qu'on met à angle droit, lorsqu'on veut s'en servir et dont l'un est plongé dans le liquide pendant qu'on souffle dans l'autre — avec ce système, dis-je, l'*encrassement* a moins d'importance : à l'aide d'une aiguille ou d'une épingle on débouche l'ouverture obstruée et... on souffle mieux que jamais.

Essayez des deux, du reste, et si, plus malin que moi, vous pouvez vous servir d'un vaporisateur à poire (comme ceux dont se servent les médecins... et les coiffeurs) vous me rendrez service en me disant comment vous vous y prenez.

Si je me suis quelque peu appesanti sur cette... vaporisation, c'est que le *fixage* a une importance grande non seulement pour le fusain, mais également pour le crayon, et je profite de l'occasion pour vous conseiller de fixer tous vos dessins, même les croquis que vous désirerez conserver.

Vos outils étant au complet, je vais essayer de vous dire maintenant ce qu'on fait de chacun d'eux.

Le fusain peut également s'exécuter sur papier, sur soie, sur toile.

Le choix du papier est subordonné à la main qui l'emploie. Chaque artiste a sa préférence ; celui-ci (comme Lalanne) ne travaillera que sur papier à gros grains, celui-là (comme Allongé) préférera un papier moins rugueux ; la *facture* que vous aurez adoptée, aussi le sujet que vous voudrez traiter, vous guideront dans votre choix, mieux que je ne saurais le faire.

Quoi qu'il en soit, nous pensons, pour notre part, qu'un papier au grain léger conviendra mieux au débutant et qu'on ne doit se servir du papier à grains relevés qu'alors qu'on connaît bien son métier.

Affaire de goût aussi, que celle du ton du papier ; certains le prennent blanc, d'autres légèrement teinté : bulle, rosé ou bleuté. Quel qu'il soit, il faut le tendre sur châssis, vous pourrez, si vous préférez, le tendre de même sur une planche à dessin ou feuille de carton.

La première fois votre tendage ne sera pas parfait, mais, baste ! une feuille de papier sacrifiée, ça n'est pas une grave affaire, et puis vous le savez, « point d'omelettes sans bris d'œufs ! » — La seconde fois votre omelette sera réussie, et votre papier tendu comme un tambour, si vous faites exactement comme suit :

Coupez votre papier de 4 ou 5 centimètres plus grand, en tous sens, que votre châssis ; à l'aide d'une éponge fine (outil à ajouter à tous les autres) et votre papier étendu sur une table, vous le mouillerez bien régulièrement à l'envers, vous placerez dessus votre châssis et vous rebrousserez les bords dépassant, que vous fixerez un à un en tirant le plus possible le papier, — sans le déchirer, n'est-ce pas, — au moyen de punaises, ou de clous de tapis-

sier (semence) que vous rapprocherez suffisamment pour que le papier soit bien maintenu, surtout vers les angles.

Laissez sécher tranquillement — évitez de mettre devant le feu — et... le tour est joué, il sera réussi si la surface est absolument unie.

Avant de vous mettre à l'œuvre, cherchez votre composition, faites quelques croquis, quelques maquettes ; lorsque votre sujet sera trouvé, que vous en aurez bien arrêté l'arrangement, vous en tracerez les principales lignes sur votre papier tendu, puis vous dessinerez soigneusement.

Il est plusieurs façons de commencer une œuvre : la meilleure, à mon avis,

est d'indiquer un ton doux général sur toute la surface du papier ; ceci se fait, soit avec la paume de la main, soit avec un chiffon très souple qu'on passera sur le fusain frotté d'abord le plus régulièrement possible, ou bien encore en ayant préalablement enduit le chiffon de sauce de fusain. Il faut procéder très légèrement et du premier coup, pour ne pas trop rentrer le fusain, qui résisterait alors à l'enlevage des lumières brillantes. Ce premier ton posé, vous menez graduellement votre dessin en massant les tons principaux, en plaçant vos vigueurs, et vous terminez enfin par les accents et les lumières.

Le fusain a, sur tous les autres procédés, ce grand avantage de permettre facilement la recherche de l'effet : rien d'aisé comme d'atténuer un ton, d'enlever un blanc ou un demi-ton, de poser un accent, à l'aide du tortillon ou de l'estompe. Avec de la mie de pain roulée en pointe, ou aplatie en lame, vous obtiendrez les petites lumières aussi précises et piquantes que vous voudrez. Le fusain se traite presque autant par enlevage de clairs que par application de noirs ; le grattoir est d'un grand secours pour qui sait le manier adroitement, car il permet de dessiner en clair des parties ténues ou fines, brins d'herbes ou fleurettes ou d'atténuer une teinte ; il faut pour ceci glisser légèrement, afin de ne pas écorcher le papier dont on doit toujours conserver la fleur.

Tout cela demande une souplesse de main, une adresse de touche qu'on acquerra vite en travaillant assidûment ; attendez-vous toujours à quelques déboires en commençant ; il faut bien payer son apprentissage si l'on veut devenir habile exécutant.

Ne vous renfermez pas uniquement dans les errements que nous indiquons — pas plus, du reste, pour le fusain que pour tous autres modes d'interprétation. — Nous vous donnons la *clef*, servez-vous-en, mais en vous efforçant de la manier à votre façon, en cherchant des procédés à vous. Il faut s'ingénier à trouver même des *ficelles* ; tout est permis, le vert et le sec, pourvu qu'on arrive à son but ; la fin justifie les moyens. Cet axiome — quelquefois dangereux ailleurs, — est en art absolument applicable.

A ces indications « lues » ajoutez quelques leçons « vues ». Etudiez, en les regardant de près, les fusains de maîtres comme Lalanne, Appian, Allongé : la facture de chacun est différente, mais les résultats également superbes.

Que le fusain soit sur papier, sur toile, sur soie, il s'exécute absolument de la même façon ; on emploiera étoffes blanches ou étoffes nuancées, suivant le sujet choisi et le goût du destinataire... ou le sien propre.

Reste à dire deux mots de la fixation d'un fusain, opération indispensable et assez délicate, car il s'agit de ne pas enlever le velouté qui disparaît toujours un peu, hélas ! quel que soit le moyen employé. Mieux vaut encore cela pourtant, que de voir l'œuvre s'effacer complètement, ce qui arriverait à brève échéance si l'on ne prenait la précaution de la fixer aussitôt terminée.

Diverses méthodes ont été employées ; nous abandonnons, bien entendu, celles qui laissent trop à désirer, pour ne citer que celles qui, sans être parfaites, — il n'en existe pas — donnent un résultat à peu près satisfaisant.

Si le papier employé n'est pas trop épais et s'il permet au fixatif de le traverser, il est préférable d'en enduire l'envers à l'aide d'un pinceau plat,

celui-ci, ne touchant point le fusain, laissera ainsi plus de fraîcheur à
l'œuvre; lorsque la nature de la matière employée le permettra, on pourra

donc employer cette manière de faire ; dans les autres cas, il faut s'en tenir à la
vaporisation au moyen de l'instrument dont nous avons causé ensemble tout à
l'heure.

On doit opérer avec de grandes précautions, de façon à couvrir régulièrement toute la surface du dessin de liquide pulvérisé ; s'y reprendre à plusieurs fois, par couches légères, et attendre, pour recommencer l'opération, que la première application soit sèche ; quelques instants suffisent.

Éviter avec soin, en soufflant fort, de lancer un jet trop violent, — accident presque irréparable, — le liquide déversé en quantité formerait une tâche bavocheuse, il entraînerait le fusain et l'œuvre serait compromise. — Même désagrément se produirait si l'on tenait le vaporisateur trop rapproché de son dessin.

Il vous arrivera souvent, une fois votre dessin fixé, de rencontrer des points défectueux que vous désirerez retoucher ; la fixation même pourra vous donner des changements de valeur inattendus, surtout dans certains noirs dont elle aura exagéré le ton ; il est facile d'obvier à cet inconvénient, en atténuant avec le crayon de gomme. — Si l'inverse se produit et que vous vouliez, au contraire, ajouter des vigueurs, vous le ferez soit avec un fusain très noir, soit avec un crayon Conté ; enfin, s'il s'agit de placer quelque ton estompé, on le fera aisément au moyen du chiffon enduit de sauce de fusain. Il va sans dire qu'il faudra ensuite vaporiser légèrement à nouveau, non point seulement les parties retouchées — vous courriez le risque de produire des auréoles du plus vilain effet — mais l'ensemble du dessin.

Après terminaison complète et après fixation, vous pourrez ajouter, mais très modérément, quelques lumières bien mordantes — faire chanter un blanc, de façon suraiguë — soit avec de la gouache ou de la craie, soit, ce qui vaut mieux, par quelques touches de blanc d'argent à l'huile, que vous aurez rompu avec un autre ton (un peu d'ocre, par exemple).

Pour accentuer certains effets, ce moyen est bon à retenir ; à la condition, nous le répétons, de n'en pas abuser.

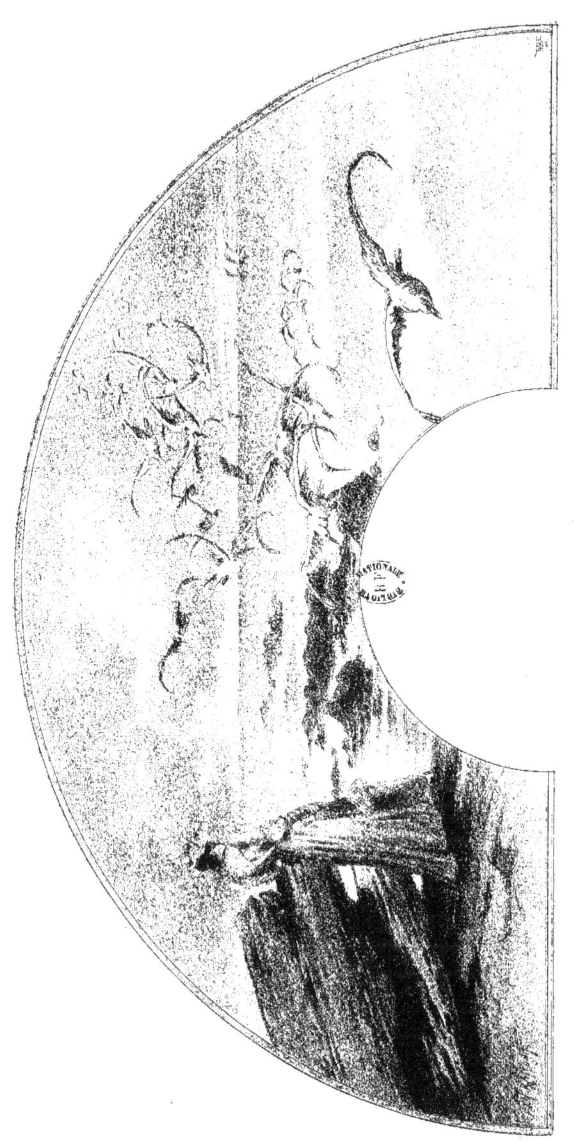

CHAPITRE XVI

LE DESSIN A LA PLUME

Un des plus utiles à connaître, et auquel nous ne saurions trop engager quiconque dessine à s'exercer; non seulement la plume permet de poser les touches les plus énergiques, les traits les plus hardis, mais encore de rendre les détails les plus légers, les brindilles les plus mignonnes; si ceci ne suffisait pas pour faire admettre le dessin à la plume comme moyen d'exécution, nous invoquerions son utilité grande lorsqu'il s'agit de procédés

de reproduction : zincographie, photogravure, lithographie, que sais-je! procédés dont nous n'avons pas à parler ici, — bien qu'ils soient également employés en éventails, écrans, etc. — mais développer chacun d'eux serait sortir de notre cadre et allonger indéfiniment ce volume, déjà quelque peu fatigant à parcourir. Qu'en pensez-vous?

Qu'il nous suffise de dire que le dessin à la plume est la base de presque tous les moyens de reproduction et que c'est même un acheminement tout naturel vers la gravure à l'eau-forte ou la pointe sèche. Le maniement de l'outil est à peu près le même; la façon de combiner les hachures la même aussi. — Qui saura se servir adroitement de sa plume pour lui faire rendre tous effets, tous contours, saura presque faire l'équivalent sur plaque de cuivre, destinée au rongement par l'acide, ou travaillée pour passer sous la presse sans morsure : il ne lui restera plus qu'à connaître un peu le « métier » d'aqua-fortiste, ce qui n'est pas bien sorcier, en somme. Notez que je ne veux rabaisser en aucune façon le mérite du graveur ; en parlant ainsi je parle du « métier » non de celui qui l'exerce ; ... chacun peut apprendre à graver, non à être « graveur ». — Mais lâchons le burin et revenons au porte-plume.

L'outillage du *plumiste* est de la plus grande simplicité :

Plumes — encre — porte-plumes ; crayons pour esquisser, un ou deux bons grattoirs, de la gomme à effacer et puis... c'est tout ! Pas ruineux, comme vous voyez.

Plumes : de diverses grosseurs et toujours aussi souples que possible. Il me répugne de citer des noms, et pourtant il le faut, si je puis ainsi abréger vos recherches ; je dois ajouter, pourtant, que les plumes qui conviennent à votre serviteur ne vous iront peut-être point du tout. Vous serez contraint alors d'en demander une collection de toutes marques et de les essayer toutes. Vous rejeterez sans pitié celles qui ne voudraient point se plier à toutes vos exigences pour ne garder que celles qui se soumettront à tous vos caprices ; pour qu'une plume remplisse les conditions voulues, il faut qu'elle glisse à peu près comme un crayon, qu'elle se laisse manœuvrer en tous sens, qu'elle permette, sans piquer ou sans cracher (ce sont ses moyens de défense, cela) toutes les courbes, toutes les arabesques ; qu'en la tenant légèrement, elle trace les lignes les plus fines ——

sans solution de continuité — ou qu'en appuyant elle indique les traits les plus vigoureux. — Ce n'est pas du premier coup qu'elle obéira ; elle aura besoin d'être dressée quelque peu ; rien d'exécrable comme les plumes neuves. — Gardez avec soin celles qui vous auront servi déjà, et, suivant leur degré d'usure, vous les emploierez ou pour les finesses ou pour les vigueurs.

Pour un travail très menu employez les Gillott's 290 ; — puis les Brandauer n° 51, et enfin (pour le travail plus vigoureux) les Gillott's n° 170 ; un

peu usées, ces dernières sont d'une très grande souplesse et des plus agréables à manier.

Porte-plumes. — Tous ceux que vous voudrez, en bois ou en ivoire, en or ou en argent, unis ou ciselés. Quant à moi, les porte-plumes en bois, aussi simples et légers que possible, me conviennent à ravir ; peu m'importe qu'ils soient laids pourvu qu'ils soient commodes !

Encre. — Mieux vaut prendre de l'encre toute délayée : l'encre Bourgeois, très noire et indélébile, est excellente. Ceci n'empêche pas d'avoir, par devers soi, un bâton de bonne encre de Chine qu'on pourra délayer plus ou moins claire pour varier ses effets, petite « tricherie » permise lorsque le dessin à la plume ne vise qu'à l'effet (1) ; s'il devait servir à la reproduction, cette

(1) On peut également faire des dessins camaïeu à la plume, avec des tons autres que le noir : bistre, bleu, rouge, etc., en se servant de couleurs d'aquarelle délayées dans de l'eau, au degré de valeur désirée.

tricherie ne serait point autorisée : toute reproduction a pour base la photographie, et il y a, par conséquent, nécessité absolue à ce que le travail soit exécuté avec de l'encre très noire, sur papier très blanc. Sauf pourtant pour les reproductions en « simili », dont les originaux peuvent se faire au lavis.

Les *grattoirs* seront choisis suivant la main qui aura à les employer. Nous en conseillons deux : 1° le grattoir en cœur, ordinaire ; 2° le grattoir triangulaire de graveur. — Moins on se sert du grattoir, mieux cela vaut ; il est bon d'en être muni, toutefois, car on ne peut pas répondre des erreurs et des *pâtés*, qu'il faut pouvoir enlever toujours. Grattez légèrement pour n'attaquer que le moins possible l'épiderme du papier. Le grattoir triangulaire sert à enlever de petites lumières, à tracer dans les noirs des « détachés » clairs, etc., mais, comme son compagnon, il n'a raison d'être que lorsqu'on travaille sur papier, parchemin ou vélin. — Un dessin à la plume, sur étoffe, doit être exempt de toute erreur, de tout pâté ; il faut travailler prudemment, soigneusement, toute faute est irréparable ; on ne peut la gratter ; il est donc de toute nécessité d'avoir, au préalable, indiqué une ébauche — même d'avoir fait un dessin préparatoire un peu poussé, si l'on se défie de soi — avant de se risquer à l'œuvre définitive.

Il n'est pas, à proprement parler, de méthode pour parfaire un dessin à la plume. Le point capital est de rendre l'effet, de ménager habilement les blancs, de travailler vigoureusement les noirs et de poser bien à leur place et aussi spirituellement que possible des accents piquants.

C'est surtout dans le maniement de la plume qu'on peut acquérir une personnalité ; point de loi pour la façon de hacher et contre-hacher son dessin, bien qu'il faille, autant que possible, indiquer les tailles dans les sens de l'objet qu'on représente. En dessinant d'après nature, ceci s'indique de soi-même, et pour peu que vous vous soyez déjà servi de la plume, vous ne penserez même pas, en interprétant ce que vous voyez, aux directions que vous allez donner à votre linéament. il s'indiquera tout naturellement ; il est évident, n'est-ce pas, que si vous « calligraphiez » un ciel ou de l'eau vous n'aurez jamais l'idée d'allonger verticalement vos lignes.

Dans les méplats, les ombres, les parties vigoureuses, c'est par croisements successifs qu'il faut arriver à la valeur dont la plus intense sera la « tache » appliquée, au besoin, avec le pinceau.

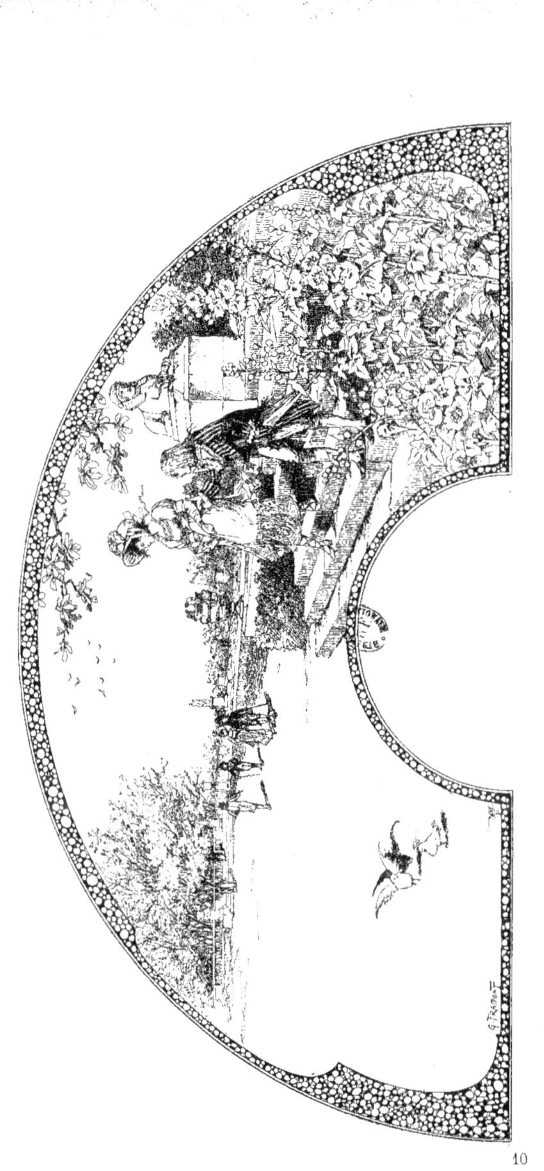

Les feuillages devront être capricieusement fouillés d'une manière pittoresque ; rappelez-vous qu'il faut toujours « procéder par masses », aussi bien à la plume qu'autrement et que les valeurs justes sont plus nécessaires que les détails, fussent-ils jolis à ravir ; des détails, il en faut, bien entendu, mais dans certaines parties : dans les premiers plans, par exemple, où vous pourrez donner libre cours à toute votre virtuosité d'exécutant, vous les ferez amusants et spirituels, visant à la qualité non à la quantité. Ces détails feront valoir les parties simplement exécutées, de même que celles-ci feront valoir tout le brio de ceux-là.

Les principes sont les mêmes en tout :

Se préoccuper avant tout des formes et des valeurs, de façon à faire une œuvre lisible du premier coup, non un gribouillage qui serait indéchiffrable... même souvent pour son auteur.

Le dessin à la plume, sur vélin ou parchemin, se traitera absolument comme sur le bristol ou le papier : il faudra seulement passer sur l'un ou l'autre, très légèrement, de la poudre *Harpazoïne* au moyen d'un tampon de ouate. Cette poudre a la propriété de dégraisser ; elle peut servir, en bien des cas, alors qu'on s'aperçoit que la surface sur laquelle on travaille est rétive à recevoir les traits de plume ou les touches de pinceau.

Sur étoffe on éprouvera, dans le maniement de la plume, un peu plus de difficultés à cause du grain du tissu ; il faut déjà une certaine habileté et une grande sûreté de main pour s'y risquer ; on y arrive toutefois avec un peu de patience.

L'étoffe, soie ou satin, a besoin de subir, avant de recevoir encre ou couleur, une préparation de laquelle nous parlons plus loin, au chapitre *Aquarelle* où elle nous a paru avoir là sa place plus encore qu'ici, car l'aquarelle et la gouache jouent les rôles prépondérants dans la décoration des éventails, écrans ou paravents.

Nous venons de parler du dessin à la plume proprement dit, c'est-à-dire de celui où tout effet, toute valeur doivent être obtenus seulement avec la plume. Il est d'autres partis à tirer de ce moyen, soit en y ajoutant du lavis de même ton (camaïeu), soit en l'agrémentant d'aquarelle, soit enfin en employant un *truc* très connu des lithographes, le *crachis*, dont nous vous dévoilerons plus loin les mystères.

Si vous faites un dessin avec l'intention d'y ajouter l'une ou l'autre de ces agrémentations, l'exécution en devra, bien entendu, être *ad hoc*; elle sera « poussée » plus ou moins, suivant qu'elle aura à recevoir plus ou moins d'adjonctions.

Une page dont la facture sera mi-partie traits et mi-partie lavis sera commencée par celui de ces deux moyens qui devra l'emporter sur l'autre. Si c'est le lavis qui doit dominer on exécutera au pinceau d'abord, en observant toutes gradations de valeurs et de tons, certains de ceux-ci devant même rester vierges de tout travail supplémentaire ; lorsque votre lavis sera poussé assez loin, vous reviendrez à la plume, modeler, au moyen de hachures simples, de lignes occultes, de grenés ; vous poserez des accents, des vigueurs, vous accentuerez certains contours; bref vous terminerez votre dessin ; le travail de plume donnera de la vigueur à l'ensemble; évitez d'employer la gouache, tout au moins mettez-en excessivement peu — car celle-ci boit et rendrait votre trait bavocheux.

Lorsqu'on désire voir dominer le travail à la plume, il faut procéder

inversement, c'est-à-dire commencer par celui-ci et ne se servir du lavis que comme moyen d'*enveloppement* ; lui faire jouer, en un mot, le rôle que joue le chiffon dans la gravure à l'eau-forte : pour noyer certaines parties, en adoucir d'autres, rendre moins heurtés les passages d'une teinte à une autre ;

le lavis, en un mot, ne doit servir dans le cas présent que « d'affublement » ; pas de gouache du tout, votre teinte doit laisser transparaître le travail à la plume, ce que la gouache, qui est opaque, empêcherait.

On peut également, nous l'avons dit, se servir de l'aquarelle (toujours sans gouache) comme moyen complémentaire d'un dessin à la plume peu poussé ;

en ajoutant quelques à-plats légers de teintes diverses, quelques notes gaies, on arrivera à un effet charmant.

Plus le travail graphique sera poussé et moins il faudra mettre de couleurs : dans ce cas on n'emploiera celles-ci que comme rehauts, ou en grands à-plats comme teintes de fond.

Pour faire une œuvre très colorée, il faudra se contenter d'un trait et de quelques vigueurs à l'encre, puis ajouter des teintes plus ou moins corsées suivant le degré d'intensité qu'on voudra obtenir.

Ce genre de décoration d'éventails a été très en vogue il y a quelques années ; la plupart étaient sur soie écrue et destinés à la campagne ou aux bains de mer.

La même application de la couleur peut être faite, du reste, sur un dessin au crayon, au fusain.

Un oubli à réparer : ayez soin d'ajouter une ou deux gouttes de *oxgall* (fiel de bœuf) dans votre encre lorsque vous voudrez dessiner sur étoffes.

N. B. — Sous prétexte de coloris, n'allez point surtout vous amuser à faire des dessins à la plume avec des encres de différentes couleurs ; hacher des figures en rose, des cheveux en bistre, des arbres en vert, etc., les parties ainsi colorées ne se rajustent jamais, et vous arriveriez au dernier mot du laid, au *summum* du mauvais goût ; et cela suffit, n'est-ce pas, pour être évité.

Il n'y a pas bien des années, on voyait dans Paris, à maints coins de rues, des tableaux ainsi faits, provenant de l'officine d'un « calligraphe ». Non seulement c'était bête comme tout, mais c'était dessiné en dépit du bon sens ; cela représentait généralement des sujets palpitants inspirés de Gabriel Ferry ou de Gustave Aymard : des chasses aux lions jaune de chrome dans des forêts d'encre verte ; de pauvres trappeurs aux plaies saignantes d'encre rouge, sous les griffes de tigres (jaune indien). Épouvantable ! vous dis-je. On ne les voit plus, ces tableaux, ils ont disparu, par ordre supérieur, je suppose, convaincus « d'atteinte au goût public ».

CHAPITRE XVII

LE CRACHIS

Ce procédé, très connu et très employé par les lithographes, l'est fort peu des autres artistes.

L'idée première ne doit en être attribuée, du reste, ni aux uns ni aux autres. C'est aux relieurs que nous le devons ; ils se servaient — s'en servent-ils

encore ? — de ce moyen pour pointiller la tranche de leurs livres ; un dessinateur malin et plus *roublard* que ses congénères, se sera dit que ce qui était bon pour le relieur pouvait l'être pour le lithographe — ce en quoi il avait grandement raison — car le crachis rend des services énormes dans le travail sur pierre, donne des tons d'un fondu qu'on chercherait vainement à obtenir au crayon et présente en outre ces deux avantages : être très rapide et très commode à employer.

Quand nous disons « commode », nous parlons au point de vue lithographique, car, ailleurs, il présente certaines difficultés et nécessite beaucoup de patience ; vous le verrez par la suite.

L'outillage se compose d'une grille, d'une brosse et d'encre, pas davantage.

J'ignore si on trouve des grilles toutes montées, mais, avec les explications qui suivent, il sera facile d'en faire confectionner.

Faites un cadre à coins arrondis, en fil de fer de la grosseur d'un porte-plume environ ; — l'instrument se fatiguant beaucoup il faut qu'il soit solidement bâti, — dans le milieu d'un des petits côtés ajustez une forte poignée de bois. — Sur cet encadrement faites tendre, aussi rigidement que

possible, un treillis métallique en fil de fer ou de laiton fin et dont les mailles seront espacées de 2 millimètres environ.

La grandeur totale de votre grille variera entre 10 et 20 centimètres, environ, la forme en sera un rectangle plus ou moins allongé, la qualité principale, la légèreté.

La brosse est à la grille ce que la baguette est au tambour ; elle sera brosse à dents, brosse à barbe... ce que vous voudrez ; ses qualités à elle résideront dans la commodité du maniement d'abord et ensuite dans la demi-dureté des poils ; en disant tantôt brosse à dents, je ne plaisantais point, ce genre de brosse, quand elle est un peu usée, est, jusqu'ici, ce que j'ai trouvé de préférable.

La manœuvre des deux ustensiles est toute simple : on enduit d'encre la brosse, on l'essuie légèrement pour enlever le trop-plein, puis, tenant la grille de la main gauche, on frotte de l'autre la brosse sur le tamis par mouvements réguliers. (Si vous êtes ambidextre vous intervertirez de temps en temps le rôle des mains.)

L'encre se pulvérise à travers le tamis et retombe en pluie fine sur la surface à couvrir ; plus cette poussière liquide va en s'éloignant du centre où vous frottez et plus, naturellement, elle devient espacée ; plus par conséquent, le ton devient clair ; la gradation se fait tout naturellement et produit des fondus superbes.

Du premier coup vous n'obtiendrez évidemment pas la perfection, mais quand vous aurez vos outils « bien en main » vous en ferez à peu près ce que vous voudrez ; vous tiendrez le tamis plus ou moins près de la surface à couvrir, vous l'obliquerez dans un sens ou dans l'autre, bref vous le conduirez de façon à obtenir les effets cherchés.

Telle est la synthèse du crachis. Reste l'application :

Lorsqu'on s'en sert en lithographie, c'est assez simple : on recouvre de gomme arabique les parties où l'on ne veut pas laisser paraître le travail à la brosse ; en *préparant* la pierre, le travail indemne de gomme est seulement attaqué par l'acide ; pour les finesses on a la ressource de l'enlevage au grattoir ; mais point de tout cela lorsque c'est du papier ou de l'étoffe qu'on veut « poudrer d'encre » : il faut employer d'autres moyens :

Découper bien exactement dans du papier les silhouettes à couvrir au crachis ; en un mot faire des *pochoirs* similaires à ceux dont se servent les *coloristes au patron*.

Pour nous faire bien comprendre, servons-nous d'exemples. Admettez que

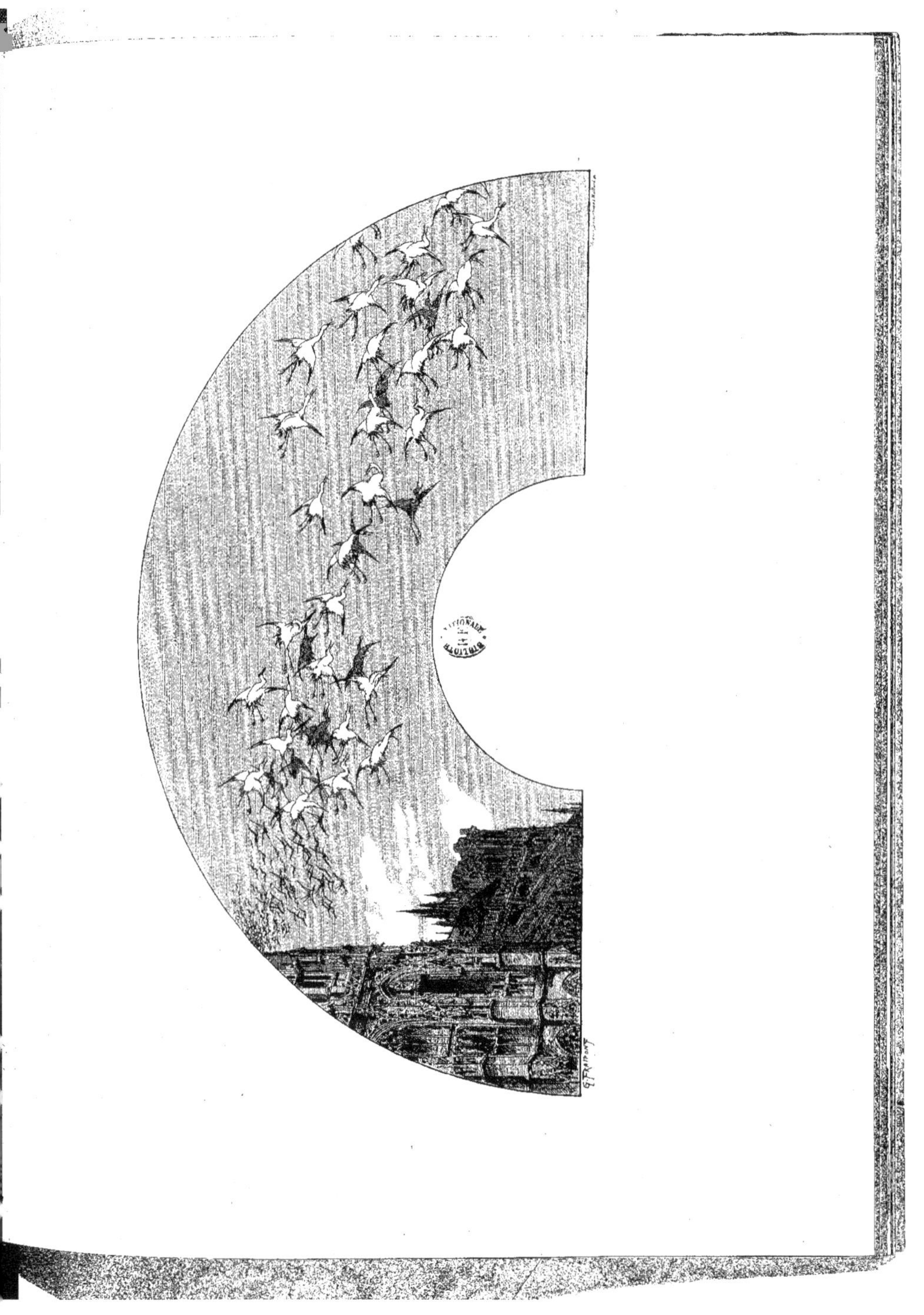

vous vouliez faire un ensemble composé comme suit : un fond, silhouette de montagnes ; un deuxième plan, terrain ; un premier plan, arbres ; le tout sous un ciel uni, le premier plan se détachant en vigueur, le second plus clair, le fond estompé.

Après avoir dessiné votre ensemble, vous calquerez bien exactement et partiellement tout ce qui devra être du même ton, — les arbres, d'une part, le terrain de l'autre, le fond ensuite ; — puis vous découperez avec soin dans une feuille de papier les formes des uns et des autres. Prenez alors l'ouverture découpée de la partie la plus foncée — en ayant bien soin de protéger toutes les autres en les couvrant ; — « crachez » votre encre comme nous vous l'avons expliqué, en restant au-dessous du ton que vous voulez obtenir, afin que vos applications de teintes supplémentaires ne viennent point charger celui-ci plus qu'il ne faudrait.

Cette première couche de crachis une fois sèche, vous procédez pareillement pour le ton qui vient ensuite, en laissant à découvert votre premier travail qui viendra s'augmenter de la seconde couche, laquelle sera, à son tour, renforcée par la troisième, etc. Vous terminerez par le ciel, en laissant alors tout votre ensemble à découvert, sauf les blancs.

Supposons un ciel à clair de lune ; il vous suffira de placer un rond découpé, ou mieux :

une pièce de monnaie à l'endroit « lunaire » et de répandre votre pulvérisation tout autour.

Pour les détails, petits repiqués blancs, lumières, etc., vous revenez à la

11

gouache ou soigneusement au grattoir bien tranchant. Ce procédé, vous en jugez, ne se peut guère employer que pour des compositions simples, à effets accusés, et où toutes les valeurs viennent se découper les unes sur les autres.

Son véritable emploi sera surtout indiqué comme complément d'un dessin à la plume. Il produira alors des effets très capricieux, très variés, ce qu'il faut rechercher, la variété dans la facture donnant toujours du charme, de l'imprévu à une œuvre.

Ajouté à un dessin à la plume, le crachis doit jouer le même rôle que le lavis, en donnant des effets différents ; la base est donc la même, la façon de s'y prendre, *en tant qu'effet*, la même aussi. Si vous désirez un dessin au crachis repiqué de plume vous commencerez par le premier et terminerez par l'autre ; vous renverserez votre façon de faire et vous commencerez par le dessin à la plume, si celui-ci doit dominer ; vous appliquerez dans ce cas votre crachis, en protégeant au fur et à mesure, au moyen de *caches*, les parties de votre œuvre qui auraient assez reçu d'encre ou celles qui n'en voudraient pas.

Avec un peu d'adresse, et lorsqu'on sera maître de son procédé, on arrivera à des effets curieux et tout à fait inattendus. Je laisse à votre imagination — que je suppose féconde — le soin de chercher une foule d'applications de « l'artifice » que j'ai essayé de vous indiquer. Vous trouverez maints cas où vous pourrez utilement l'employer. Vous ferez des semis d'or, d'argent (au moyen de mixtions, au lieu d'encre), parfois un gradué de couleur, que sais-je !

CHAPITRE XVIII

PEINTURE SUR SOIE, CRÊPE, SATIN, GAZE.

Nous passerons sous silence la façon de peindre l'aquarelle sur papier ; nous avons, de notre mieux, expliqué ailleurs les conditions requises pour devenir aquarelliste ; recommencer ici, serait abuser.

Nous nous bornerons à examiner le rôle que joue l'aquarelle — le plus souvent mitigée de gouache — dans la décoration sur étoffes : soie, crêpe, rôle important, car, parmi tous les procédés, celui-ci est le plus employé ; et d'abord un conseil : avant de vous risquer à « jouer » de toute votre

palette, avant de faire étinceler vos couleurs, miroiter vos ors, essayez-vous à quelques peintures monochromes ou bicolores, vous apprendrez plus aisément le *tripotage* et vous ne risquerez pas de vous perdre dans les bleus et les rouges, les « ardoisés » et les « colombins », alors que la facture en elle-même suffira grandement à occuper toute votre attention.

Posséder des couleurs rutilantes, les avoir là, sous la main, et défense de s'en servir! Quel supplice!

Être condamné à regarder seulement, sans y toucher, de superbes fraises, des pêches veloutées sans en pouvoir goûter! c'est affreux!... Oui, mais si celles-ci doivent vous donner une indigestion, ne vaut-il pas mieux attendre?... Si celles-là doivent vous empêtrer?... ne vaut-il pas mieux vous réserver?

Tout doux, calmez-vous! Vous mangerez des fraises et des pêches quand vous serez bien portant! Vous triturerez des jaunes et des verts lorsque vous saurez peindre. Croyez-moi, le meilleur moyen d'arriver vite c'est d'aller posément; partir du plus simple pour arriver au plus compliqué me semble la marche à suivre la plus raisonnable.

Voici comment vous organiserez votre installation de « peintre-éventailliste ».

Une table superbe de style ou d'une simplicité primitive, cela m'est égal, pourvu qu'elle soit bien d'aplomb et bien d'équerre; pour ma part, à quelque table que ce soit, je préfère la toute modeste — mais si pratique — planche à

dessin posée sur deux tréteaux à crémaillère, ce qui permet de la suré-
lever ou l'abaisser, de la poser à plat ou en oblique suivant les goûts et les
« besoins de la cause ».

Un tabouret canné ou une chaise *idem*, sont certainement moins luxueux
qu'un fauteuil ou un canapé, mais beaucoup plus commodes pour l'agencement
d'un « travailleur », laissez donc ceux-ci pour prendre ceux-là. Délaissez
même les uns et les autres si vous êtes de force à travailler debout, ce qui est
plus fatigant, peut-être, mais plus hygiénique et ce à quoi la planche à
tréteaux se prêtera avec complaisance, puisque vous n'aurez qu'à la mettre
à hauteur voulue.

Comme mobilier « utile », voilà tout, comme mobilier « décoratif »... tout
ce que vous voudrez ! Je vous conseille seulement de garnir votre atelier — ou
la pièce que vous aurez réservée comme telle — de tous les bibelots possibles :
vases, potiches, fragments sculptés, morceaux d'étoffes, que sais-je ! bibelots
qui vous inspireront dans vos compositions car l'influence du milieu est
énorme, l'entourage a son ascendant sur le travail qu'on exécute et la chose
fait souvent naître l'idée.

Placez votre table à dessin à la droite de la fenêtre, le jour de gauche est
préférable à tout autre, celui de droite est absolument impratique, à cause
de l'ombre que projetterait votre pinceau et la main qui le tient ; celui de face
est aveuglant.

Voici, maintenant, l'outillage qu'il faudra vous procurer :

Feuilles de carton épais.

Verres remplis d'eau.

Flacon de gomme arabique bien limpide.

Un flacon de gouache blanche de toute première marque, — la mauvaise
gouache noircit ou rougit, et compromet, en peu de temps, le coloris de tout un
travail. Ayez soin, avant de vous en servir, de rejeter le liquide surnageant,
lavez plusieurs fois avec de l'eau très claire puis, avec un bout de bois,
mélangez. La gouache sera prête à être employée.

Deux palettes : l'une en tôle vernie et divisée en casiers qui recevront
votre couleur, l'autre en faïence — carrée ou ovale à votre choix, sur laquelle
vous ferez vos mélanges de gouache et de couleurs.

Au lieu de palette, proprement dite, je me sers et je m'en trouve bien, de plaques de faïence ; j'en ai plusieurs par devers moi, ce qui me permet les triturations de couleurs par gammes diverses ; c'est plus commode, surtout pour de grandes compositions, mais ce n'est pas indispensable. Je cherche à

donner ici, au reste, les ustensiles nécessaires ; petit à petit, chacun modifiera son « cérémonial » suivant ses goûts et ses besoins, adjoignant aux objets énoncés d'autres objets qui simplifieront ou rendront plus aisé le travail, rejetant ceux qui sembleront superflus ou peu pratiques ; chaque ouvrier agence son outillage comme il l'entend et suivant l'usage qu'il prévoit.

Les pinceaux devront être choisis avec grand soin ; pour leur achat il ne
faut s'en rapporter qu'à soi-même : éprouvez-en dix, vingt, jusqu'à ce que
vous ayez rencontré celui qui vous conviendra. Il vous en faudra de diverses
grosseurs, des fins, des moyens et des gros, mais, quelle que soit sa dimension,
un pinceau, pour être bon, doit remplir les conditions suivantes : très rond,
assez ventru, et formant bien la pointe. La longueur des poils doit être
moyenne, de façon à présenter une certaine résistance en même temps que de
la souplesse : trop courts ils seraient durs, trop longs ils seraient mous.
Pour éprouver vos pinceaux, trempez-les dans l'eau, puis, sur la main ou
sur un bout de papier, voyez si la pointe se forme bien sans aucun écarte-
ment des poils.

Si vous faites à l'avance provision de pinceaux, suspendez, la pointe
en bas, ceux que vous tiendrez en réserve après
les avoir imbibés de gomme ; au moment de les
employer vous n'aurez qu'à les tremper
dans l'eau pour les dégarnir de leur
enveloppe gommée.

Arrivons à la composition de
la palette : plus celle-ci sera
simple et mieux cela vaudra,
mais il est bon d'avoir une série
de couleurs suffisantes pour permettre à un non initié de trouver aisément tous les tons. Il
est juste d'ajouter que la fleur
surtout nécessite l'emploi d'un
nombre assez respectable de couleurs. Vous n'êtes du reste pas
forcé de les employer toutes, et
lorsqu'à force de faire vous serez
arrivé à obtenir par mélange
des tons équivalents ou similaires à certains de ceux que je
vais indiquer, vous abandon-

nerez ceux-ci. Il ne faut pas dépasser vingt couleurs... C'est déjà très imposant, vingt couleurs ! et je vous réponds qu'avec peu de recherches, vous arriverez à leur faire produire toutes les teintes claires ou sombres que vous pourrez désirer, en attendant qu'un nombre plus petit et une habileté plus grande vous permettent d'arriver au même résultat.

Le bon marché dans la couleur est toujours au détriment de la qualité ; l'emploi de mauvaises couleurs vous occasionnerait toutes sortes de déboires : difficultés dans le délayage, et, ce qui est pire encore, certains tons ne se maintiendraient point, les laques, les jaunes indiens, etc., fileraient avec un ensemble parfait... mais inquiétant.

Les couleurs en tablettes sont peut-être plus faciles à trouver de bonne qualité, mais sont, par contre, moins aisées à employer ; nous leur préférons les couleurs moites en tubes ; on en mettra sur sa palette la quantité qu'on voudra : puis on en posera aussi sur les faïences destinées aux mélanges avec la gouache.

Voilà les nomenclatures (française et anglaise) des couleurs à avoir :

Noir d'ivoire.	Ivory black.	Rouge de Saturne.	Red lead.
Sépia colorée.	Warm sepia.	Vermillon.	Vermilion.
Terre de Sienne brûlée.	Burnt Sienna.	Carmin (1ᵉ qualité).	Carmine.
Brun rouge.	Light red.	Laque de garance rose.	Madder lake.
Brun Van Dyck.	Van Dyck brown.	Vert émeraude.	Veronese green.
Ocre jaune.	Yellow ochre.	Vert Véronèse.	Esmerald green (1).
Jaune de chrome clair.	Chrome lemon.	Vert olive.	Olive green.
Jaune de chrome foncé.	Chrome yellow.	Bleu de cobalt.	Cobalt.
Jaune de Naples.	Naples yellow.	Bleu d'outremer.	French ultra.
Jaune indien.	Indian yellow.	Bleu de Prusse.	Prussian blue.

La liste ci-dessus est faite dans l'ordre de rangement sur la palette en commençant par la gauche (noir d'ivoire) ; mais ceci n'a pas de règles ; on groupera, toutefois, ses couleurs par genres : les bleus avec les bleus, les rouges avec les rouges, etc.

Lorsque vous avez fini de travailler, nettoyez bien soigneusement vos couleurs, il est urgent que celles-ci soient toujours bien nettes. Si elles durcissent, ce qui arrivera si vous les laissez quelque temps sans les employer, humectez-les avant de vous en servir ; si cela ne suffit pas servez-vous de glycérine en très

(1) On remarquera l'inversion anglaise, nous la signalons, parce qu'on pourrait la prendre pour une erreur de notre part alors, qu'à notre avis, c'est « l'Anglais qui a tort ».

minime quantité ; nous ne vous conseillons pourtant guère ce moyen, mieux vaut retirer de votre palette la couleur trop sèche et regarnir votre casier de couleur fraîche.

A côté de vos couleurs vous aurez des bronzes or et argent, ils vous serviront à ajouter des rehauts, des niellés ou seulement quelques réveillons.

Abandonnant tout coloris, vous pourrez même faire des décorations complètes dont les bronzes seront les seuls agents ; nous parlons plus loin d'un procédé spécial appliqué à ce mode d'ornementation sur le velours, la peluche, etc.

Vous pourrez, de diverses manières, fixer vos bronzes, soit en enduisant

d'abord de mixtion les parties à couvrir et en les saupoudrant ensuite de bronze (manière de faire à adopter pour les grandes surfaces), soit en préparant d'abord vos métaux comme suit, pour pouvoir vous en servir au pinceau tout comme de vos couleurs :

Mettez dans un godet de faïence une certaine quantité de poudre métallique, déposez-y une goutte de gomme arabique liquide, puis remuez au moyen d'un bout de bois, hampe de pinceau ou manche de porte-plume (pas d'outil en métal) ; suivant la quantité de poudre vous calculerez la quantité de gomme : il s'agit d'arriver à une parfaite agglomération ; celle-ci obtenue laissez sécher ; vous aurez en bronze l'équivalent d'une tablette de couleur, et vous délayerez la première comme vous délayez la seconde, au moyen d'un pinceau mouillé.

Pour peindre sur une étoffe il faut, au préalable, que celle-ci soit apprêtée ;

on peut soi-même lui faire subir cet apprêt mais il est beaucoup plus simple, et pas plus coûteux, de s'adresser aux marchands d'éventails chez lesquels vous trouverez, du reste, des soies préparées ou qui se chargeront volontiers de préparer toutes celles que vous leur demanderiez.

Voici néanmoins deux « recettes » ; s'en servira qui voudra ; la première n'est applicable qu'à des surfaces restreintes :

Faites dissoudre de l'alun en poudre dans de l'eau bien claire, puis, avec un large pinceau plat, étendez cette solution sur votre soie, que vous aurez d'abord bien tendue ; vous laisserez sécher quelques heures et votre étoffe sera prête à recevoir la couleur.

La seconde préparation consiste à laver de *satinicole* (liquide qui se vend tout préparé) le tissu qu'on désire peindre ; cette opération, comme la précédente, se fait à l'aide d'un large pinceau (*queue de morue*). On peut couvrir ainsi de grandes surfaces, mais non sans peine ; pour réussir, il faut une certaine habitude, un tour de main qui ne s'acquiert qu'à la longue, et je persiste à dire que mieux vaut faire apprêter son étoffe par un praticien, lequel poussera même l'obligeance, si vous avez la précaution de lui demander, jusqu'à vous tracer sur votre soie les contours — extérieur et intérieur — de l'éventail, si c'est d'un éventail qu'il s'agit ; ceci à son importance car la dimension des éventails suit les fluctuations de la mode, tout comme la forme des chapeaux... et celle des pantalons.

Quant aux écrans et aux paravents vous êtes libre de leur donner les formes que vous voudrez, à moins que vous n'ayez par avance les encadrements des uns ou des autres que vous serez alors astreint de suivre en laissant à votre étoffe les marges nécessaires pour le montage.

Reste maintenant à tendre votre tissu, puis, enfin, vous vous mettrez à l'œuvre.

Prenez un des cartons forts dont vous vous êtes muni, posez-y bien à plat votre soie. Au milieu d'un des grands côtés, vers les bords, piquez une punaise, puis une autre sur le côté opposé, en attirant à vous l'étoffe ; agissez de même en fixant les coins, puis garnissez de punaises tous les intervalles en observant toujours la tension de votre soie ; celle-ci ne doit faire aucun pli, aucune boursouflure.

Quelle que soit la sûreté de main que l'on possède, il est toujours prudent de dessiner d'abord sa composition sur papier à part, seul moyen d'éviter les traits inutiles, difficiles à enlever, ou les *repentirs* désagréables à voir. Ce travail préparatoire terminé, vous n'aurez plus qu'à en faire un calque précis

que vous reporterez, soit en plaçant entre celui-ci et l'étoffe un papier enduit de mine de plomb ou de sanguine et en repassant tous les traits avec une pointe fine en ivoire, en os ou encore une pointe usée en métal, soit, ce qui est plus simple, en faisant un contre-calque très fin au crayon tendre, c'est-à-dire en recalquant à l'envers sur une feuille à part ou sur le calque lui-même ; on n'aura alors qu'à retourner sa feuille, de façon à appliquer le côté crayonné sur l'étoffe. En frottant au moyen d'un coupe-papier à angles arrondis ou même avec l'ongle posé à plat — ceci pour les hommes car les dames y useraient leurs petits ongles roses — on imprimera son dessin assez lisiblement pour qu'il serve de guide pendant toute la durée du travail.

Le contre-calque présente, sur l'autre manière, cet avantage qu'il pourra servir à réimprimer les mêmes parties si celles-ci, une fois couvertes par la couleur, ne laissaient plus les détails assez visibles.

Et à présent, en avant la palette et les pinceaux ! Il est bien entendu que vous désirez ne pas « barbotter », n'est-ce pas, et que nous débutons par du camaïeu ?

Quel ton voulez-vous ? du bistre ? du bleu ? du rouge ?

Prenons un peu des trois : De l'outremer, de la sépia colorée et adjoignons-y une pointe de laque carminée ; ce mélange vous donnera un gris chaud, joli de tons, et aura cet agrément pour vous d'employer plusieurs couleurs en une seule... Cela vous consolera du délaissement momentané de toutes les autres.

Commencez par masser à plat vos parties chaudes avec ce ton très étendu d'eau, puis, le fonçant d'avantage et y ajoutant cette fois de la gouache, vous ébaucherez vos parties d'ombres, les méplats, etc. Ici deux observations, l'une toute de facture, l'autre toute de métier :

Bien que votre travail soit minutieux et que sa nature même demande une grande finesse, peignez toujours aussi largement et aussi hardiment que possible.

Mettez de gouache juste ce qu'il faut pour donner du corps à votre couleur, afin que celle-ci « couvre », mais n'en chargez pas trop votre pinceau sous peine de faire lourd et de voir, par la suite, votre peinture se craqueler et même s'écailler.

Ceci dit, continuons :

Pour passer des clairs aux foncés par les demi-teintes, vous éclaircirez votre ton, et imprégnant votre pinceau d'un peu plus d'eau vous fondrez les uns dans les autres. Si vous peignez sur soie blanche, vous réserverez vos lumières, que le ton de la soie vous donnera, quitte à piquer un ou deux points de gouache dans les parties que vous voudriez voir étinceler davantage.

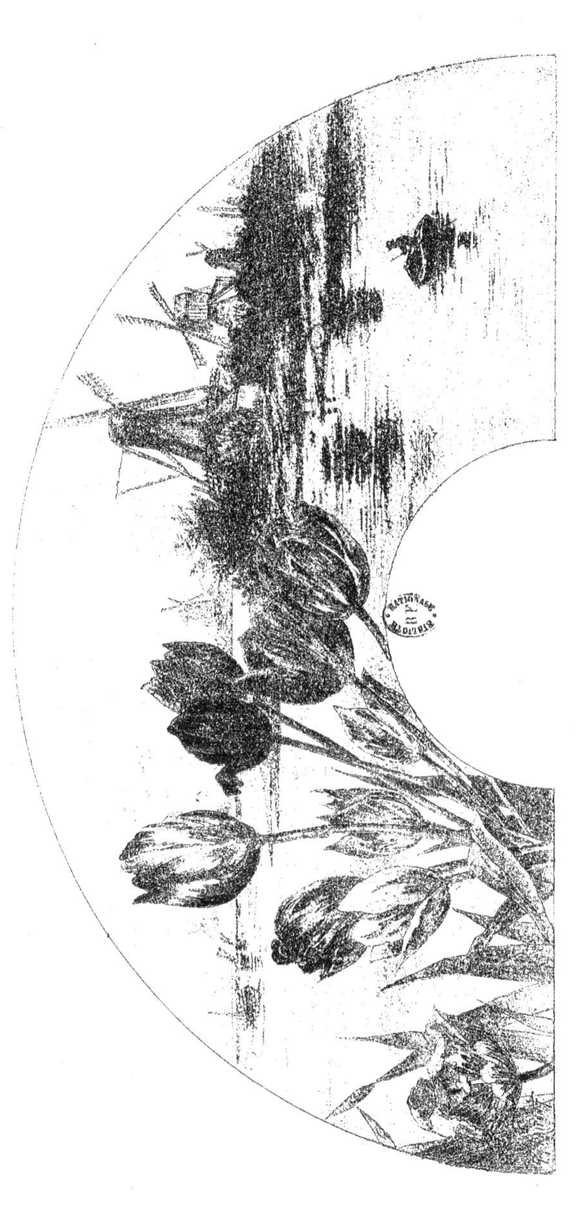

Il ne faut pas, du premier coup, chercher à avoir la
vigueur définitive ; en commençant, surtout,
vous tâtonnerez un peu ;
vous monterez de ton
graduellement, une fois
vos dessous bien secs. Nous
vous engageons à mettre
à l'effet votre ensemble,
même dans une teinte gé-
nérale au-dessous, en observant toujours les valeurs des tons par
rapport les uns aux autres.

Chacun a sa méthode pour ébaucher une œuvre, mais je pense que, lorsqu'on
travaille sur étoffe claire, il faut mener son travail en partant du clair pour
arriver au foncé et en piquant après coup les grandes lumières et les accents
vigoureux, et qu'il faut inversement manœuvrer quand le fond à décorer est
d'une teinte sombre, c'est-à-dire partir du foncé et revenir vers les clairs puis
terminer par les brillants et les noirs (1).

L'aquarelle coupée de gouache devenant *opaque* permet de superposer un
clair sur un foncé comme en peinture à l'huile, tandis qu'en aquarelle pure,
les clairs doivent être réservés et l'on ne peut guère qu'appliquer un foncé sur
un clair ou dénaturer un ton par l'application *transparente* d'un autre.

Si vous avez des parties très fines, que vous souhaitez très *pignochées*,
une figure, par exemple, il faudra, au travail que nous venons d'indiquer,
suffisant pour du pittoresque, en ajouter un autre équivalant à celui du
miniaturiste ; il faudra, en un mot, faire du *grené*, opération minutieuse et
assez difficile.

Il s'agit de raccorder vos divers gris de façon à fondre les passages de
l'un à l'autre. Vous y arriverez en garnissant votre pinceau du ton local
(celui que vous aurez préparé tout d'abord avant de commencer votre travail), puis vous pointillerez très serré en allant du foncé au clair. Plus
vous foncerez et plus vos points (toujours très fins) seront rapprochés ;

____

(1) Pour les décalques sur soie foncée, il faut employer du papier passé à la sanguine.

vous les écarterez et les affinerez encore plus en arrivant aux lumières.

N'abusez pas de ce genre de facture, qu'il faut réserver pour de petites parties dont le modelé serré fera valoir les touches hardies de tout le reste.

Au lieu de points vous pourrez procéder aussi par hachures très courtes et espacées suivant la valeur du ton; pour peu que vous ayez fait du dessin à la plume ceci ne vous embarrassera que médiocrement : l'outil se sera transformé mais le travail sera pareil.

Si les procédés d'exécution diffèrent entre eux, il est à remarquer qu'ils présentent pourtant certaines analogies et que ce qui est applicable à l'un est toujours — en partie — applicable à l'autre.

En vous entretenant tantôt du fusain et du dessin à la plume nous vous engagions, pour ajouter un attrait de plus à l'un et à l'autre, à les rehausser d'un peu d'aquarelle. Lorsque vous aurez fait quelques grisailles, quelques camaïeux, ainsi que nous venons de vous l'expliquer du mieux que nous avons pu, rien ne vous empêchera — nous vous le conseillons même — de faire pour le lavis ce que nous vous proposions pour le fusain.

Votre sujet mis à l'effet, vous mettrez des teintes plates, soit en vous inspirant du ton même de l'objet représenté, soit en adoptant un coloris de fantaisie; votre dessin ainsi rehaussé, vous fondrez le tout au moyen du ton local ou vous pourrez laisser tel quel votre travail si vous vous êtes contenté de passer très légèrement — de façon à ne pas détremper la gouache — des teintes transparentes.

Au lieu de couleurs vous pourrez aussi repiquer votre grisaille ou votre camaïeu de reflets de bronze, de pailletés d'or ou de lamés d'argent. Vous emploierez discrètement l'un ou l'autre ou bien vous en couvrirez franchement de grandes surfaces. Votre goût et le sujet que vous aurez adopté vous guideront.

Lorsque vous serez suffisamment maître de votre exécution, risquez-vous à mettre en branle toute votre palette.

Les moyens de poser la couleur sur l'étoffe sont les mêmes, le « métier » vous le possédez suffisamment. A présent, il s'agit de devenir coloriste : commencez par des sujets aux nuances bien écrites, simples de tons, pour arriver, sans trop de mal et par une pente toute naturelle, à toutes les combinaisons de couleurs désirables.

La peinture sur soie, crêpe, satin, gaze, est identique comme façon de faire; commencez par la soie, cela vous sera plus facile, le satin vous gênerait au début par son chatoiement, le crêpe et la gaze par leur transparence; il faut, dans ces deux dernières, combiner adroitement les parties pleines, c'est-à-dire celles où l'on veut remplir les mailles pour leur enlever toute transparence (en montant sa couleur en gouache) et celles où seulement un frottis laisse à l'étoffe toute sa légèreté; la combinaison adroite des deux manières donne naissance à des effets ravissants.

La première fois que vous entreprendrez de peindre sur satin, vous serez

gêné par les aspérités du tissu, aussi par le lustré; votre couleur adhérera difficilement. Pour obvier à cet inconvénient, ajoutez à toutes vos couleurs — tout au moins pour votre ébauche, après vous pourrez vous en dispenser — un peu de fiel de bœuf que vous trouverez tout préparé chez les marchands de couleurs; fiel de bœuf parfumé, car au naturel son odeur est insupportable. Beaucoup d'amateurs prennent l'habitude — mauvaise à tous égards — d'appointer leurs pinceaux en les mettant en bouche; qu'ils emploient le fiel de bœuf et quelque goût qu'ils aient pour les amers je réponds que celui-ci les aura vite corrigés de leur « gourmandise » !

On peut également prendre de l'alcool pur au lieu de fiel; certains artistes se servent de l'un ou l'autre, non seulement sur le satin, mais aussi sur la soie. Vous pourrez employer impunément le fiel sur quelque tissu que

ce soit, du reste, à la condition d'en mettre modérément, car il a l'inconvénient de brûler quelque peu.

L'emploi du crêpe de Chine est plus difficile, à cause de la nature même du
tissu : D'abord la tension ne se fait jamais parfaitement ; quelle que soit
l'adresse que vous déployiez pour cette opération, le crêpe « godera » toujours
un peu ; il en faut prendre votre parti et travailler avec le plus grand soin en le
redressant au fur et à mesure à l'endroit où vous glissez votre pinceau, sous
peine d'avoir des marbrures du plus piteux effet; ayez toujours la précaution
de placer sous votre main quelques feuilles de papier de soie pour éviter tout
attouchement; le tissu est des plus fragiles, un rien le ternit et toute ternis-
sure est ineffaçable. N'entreprenez donc de le « picturer » qu'autant que
vous aurez acquis une certaine habileté à peindre les autres.

PEINTURE SUR PEAU.

Pour la peinture sur peau, vélin, etc., on se sert soit d'aquarelle seulement,
soit de gouache, soit du mélange des deux.

Sauf pour la gouache pure (qui fera l'objet d'un prochain chapitre)
nous n'avons rien à ajouter à ce que nous venons de dire. Les procédés
sont identiques à ceux employés pour la soie, le satin, etc. ; l'usage du fiel
est ici indispensable.

Vous entendez souvent parler — style d'éventailliste — de « peau de cygne ».
Or, la peau de cygne, c'est... de la peau de chevreau ; on va même jusqu'à
donner ce nom au vélin, au parchemin ; que diable le cygne vient-il « faire
dans cette galère » ?

Donc, voici comment vous vous servirez de cette peau, que vous appellerez
du reste comme vous voudrez, et que vous vous procurerez chez les bons marchands d'éventails qui vous la fourniront toujours contre-collée sur papier
mince.

Nous avons dit plus haut que le crêpe de Chine est d'une susceptibilité
extrême, la peau l'est tout autant, aussi faut-il apporter grands soins et grande
adresse dans son maniement : le tendage, d'abord, doit en être opéré avec
précaution, voici comme : après avoir posé la peau, papier en dessus, sur
une surface bien plane et surtout bien nette, on indiquera en appuyant un

peu fortement, soit avec une pointe très émoussée, soit avec un couteau à papier, une marge de 1 ou 2 centimètres, tout autour; ceci fait on humectera régulièrement d'eau claire, au moyen d'une éponge fine, toute la partie intérieure de ce tracé en veillant aux marges qu'il ne faudra pas mouiller mais enduire, tout autour, de gomme arabique.

Très adroitement on prendra, par les bouts, la peau ainsi préparée et on la posera à plat, en la retournant, peau en dessus, sur le carton destiné pour tendre.

Au moyen de batiste ou de linge excessivement doux, on tamponnera en partant du milieu vers les marges, de façon à chasser l'air au dehors et à éviter les boursouflures; arrivé au bord on appuiera fortement pour faire adhérer la gomme; cette opération faite en tous sens on laissera sécher; au bout d'une heure ou deux la peau sera tendue.

Outre ce moyen, un éventailliste de valeur, M. Ostolle, en donne un autre : En posant la feuille à plat, peau en dessus sur le carton, on mouille la peau elle-même (mouillage qui se fait comme nous l'avons dit plus haut), puis on glisse le long des bords et tout autour le pinceau enduit de gomme arabique, enfin on appuie pour la faire adhérer.

Il faut avoir soin de passer le pinceau bien régulièrement, de façon à ne gommer que juste la largeur de la marge voulue et de n'y mettre qu'une couche légère afin qu'en appuyant, la gomme ne soit pas chassée vers le milieu ce qui causerait beaucoup d'ennuis lorsqu'une fois le travail terminé on devra détacher la feuille de son carton.

Certains peintres préfèrent travailler sur le côté papier en laissant la peau comme doublure; nous ne sommes point partisan de cette méthode, on n'est jamais sûr de la qualité du papier et il est essentiel, pour peindre, que celui-ci soit parfait à tous égards.

Avant de peindre, il faut dégraisser la peau à l'aide d'harpazoïne ou de pierre ponce en poudre impalpable, frottée, l'une comme l'autre, sur toute la surface de la feuille, avec un tampon de linge fin. Le dégraissage s'opère aussi en passant régulièrement une couche d'alcool ou d'acide acétique, coupé d'eau, ou tout uniment du vinaigre incolore.

CHAPITRE XIX

LA GOUACHE

Nous n'avons, jusqu'ici parlé que de la « gouache blanche » dont le rôle était surtout de donner du corps à la couleur, et de couvrir sans laisser de transparence.

Les peintures vraiment appelées « gouaches » se traitent d'une façon autre et impliquent des couleurs préparées différemment.

Il est certains artistes, pourtant qui préfèrent s'en tenir à l'emploi des couleurs à l'aquarelle ordinaire, mélangées à la gouache blanche, — procédé

que nous indiquons pour les étoffes — mais en évitant toujours les tons d'aquarelle pure.

Bien qu'on puisse arriver ainsi à un très joli résultat, il est préférable à notre avis d'employer des couleurs « ad hoc ».

La gouache, habilement traitée peut donner naissance à des œuvres d'un moelleux équivalant presque à celui du pastel, dont elle emprunte parfois la douceur. Le pastel n'est, en somme, que de la gouache préparée autrement et employée à sec.

La gouache est un procédé assez difficile et qui demande une dextérité grande : Une tache est vite faite car le « rattrapage » de ton est presque impossible ; la teinte définitive doit être obtenue « du coup » ; si l'on y veut revenir on détrempe la première couche par la seconde ; on doit alors tout recommencer, au risque d'alourdir des tons qui eussent été légers si on les avait appliqués sans reprises ; ce que nous disons est surtout pour les grands à-plats, les teintes unies comme des ciels, par exemple ; dans les parties fouillées, travaillées, on trouve toujours moyen, avec un peu d'adresse, de réparer les fautes commises. Ces difficultés prêchent en faveur de l'emploi des couleurs de gouache, celles-ci ont un ton local, tandis qu'en composant ses teintes à l'aide de gouache blanche, c'est le diable quand il faut retrouver une teinte identique à une autre : un iota de gouache en plus, vous êtes d'un ton au-dessus, une pointe de gouache en moins et vous obtenez une valeur au-dessous.

On peut se procurer les couleurs de gouache toutes préparées ou les préparer soi-même ; il suffira pour cela de broyer les couleurs en poudre et de les délayer à l'eau gommée ; si on veut les conserver quelque temps on y ajoutera quelques gouttes de glycérine, adjonction inutile si l'on doit les employer aussitôt préparées.

On composera ainsi la palette, ou mieux, la collection de pots de gouache :

Blanc d'argent.	Laque carminée.
Noir d'ivoire.	Vermillon.
Terre de Sienne brûlée.	Outremer.
— — naturelle.	Cobalt.
Brun Madder.	Bleu de Prusse.
Ocre jaune.	Indigo.
Jaune de chrome clair.	Cendre verte.
— — foncé.	Vert de vessie.
—.. d'or	Vert émeraude.
Laque de garance.	

Ces couleurs permettront de traiter tous genres de sujets, quelque variété de coloris qu'ils présentent, mais on sera libre, par la suite, de supprimer certaines d'entre elles.

La peinture à la gouache comporte des mélanges de tons moins compliqués que ceux de l'aquarelle ; vous aurez souvent occasion ici d'employer vos couleurs telles que vous les puiserez dans vos godets, bien qu'il soit préférable de rompre les tons le plus possible.

Une des qualités prédominantes du « gouachiste » doit être le soin méti-

culeux de ses couleurs, elles doivent toujours rester très propres ; il ne faudra
donc, dans aucun cas, puiser dans un des pots de gouache avec un pinceau
qui serait maculé d'un autre ton, sous peine de faire un barbouillis dont on
ne pourrait plus se servir ; on se munira d'une ou deux plaques de faïence
(davantage si c'est chez soi qu'on travaille) ; on « pêchera » la couleur dési-

rée à l'aide d'un couteau à palette ou d'une spatule (qui devront aussi être
indemnes de toute salissure) et c'est sur les faïences qu'on fera ses prépara-
tions, ses « tripotages » de couleurs.

Il est bon d'avoir, en outre, une série de couleurs à l'aquarelle de
tons similaires à ceux qu'on possédera à la gouache ; ils serviront à corser
ou à modifier ceux-ci.

Certains artistes se contentent, pour leurs couleurs à la gouache, des teintes principales, leur palette d'aquarelle complète leur sert à faire les alliages nécessaires pour trouver toutes les autres ; les deux moyens sont bons, nous les laissons au choix.

Quel que soit celui qu'on adoptera, voici la marche à suivre :

Humecter d'abord légèrement son papier ; pour les grandes teintes il serait impossible de travailler à sec.

Le principe même de la gouache étant de « revenir » en clair, il faudra, naturellement, commencer par masser toutes les parties d'ombres ; si vous exécutez un sujet posé sous un ciel, celui-ci devra être indiqué d'abord en laissant en réserve tout le restant du sujet, préalablement indiqué très exactement.

Les grandes teintes unies se traitent avec un large pinceau et dans le sens de ces teintes ; un ciel se fera horizontalement, une muraille verticalement.

Pour dégrader régulièrement on part du plus foncé et on éclaircit le ton au fur et à mesure. Il faut procéder rapidement, et ne point laisser sécher les teintes, afin qu'elles se fondent bien entre elles. Ne vous inquiétez point des traces de pinceau qui marqueraient pendant votre travail, elles disparaîtront en séchant.

La peinture à la gouache implique des teintes plates, juxtaposées ou superposées ; puis des accents fraîche-ment appliqués ; jamais de coups de pinceau tamponnés, ils feraient tache.

Quant aux mélanges des tons, ils ont les mêmes bases qu'en tout autre procédé.

Il s'agit maintenant d'acquérir de « la patte » ; c'est à force de faire qu'on y arrive ; je n'ai, pour ce, aucune instruction autre à vous donner.

Il est une application de la peinture à la gouache que nous croyons utile de signaler ici ; celle qu'on emploie pour l'enluminure des manuscrits, que rien n'empêche d'adapter également à la décoration d'écrans, d'éventails, etc.

On pourra, par exemple, traiter toute l'ornementation, les encadrements, etc., comme les manuscrits du moyen âge : en cernant franchement tout son dessin d'un trait, — à la plume ou au pinceau — et non seulement les contours extérieurs mais tous les détails, absolument comme on agirait pour un calque précis ; on colorie ensuite en teintes plates. Est-il utile de dire

que le grand charme de ce genre de décoration résidera, après la correction des formes, dans l'harmonie des couleurs ?

Suivant votre fantaisie vous traiterez certaines parties en transparence, — en vous servant des couleurs d'aquarelle —, et certaines autres en teintes mates, au moyen des gouaches.

Les armoiries, les chiffres, etc., s'accommoderont admirablement de l'enluminure où les uns et les autres sont du reste habitués à jouer un rôle prépondérant.

Les bronzes et les ors viendront ici ajouter leurs notes brillantes ; des premiers nous vous avons suffisamment parlé pour n'avoir plus rien à en dire.

L'emploi des ors demande quelques explications : si vous voulez vous contenter de légers rehauts, l'or en coquille (cela se trouve tout préparé) vous suffira, vous le délayerez avec un peu d'eau gommée. S'il s'agit de surfaces plus grandes, l'or en poudre sur la mixtion vaut mieux, les coquilles fournissant peu.

Ah ! si vous voulez de l'or au lieu de bronze, si vous désirez, surtout, en mettre de grands à-plats, il faut vous attendre à faire quelques brèches à votre escarcelle, mais vous serez sûr d'éviter les oxydations auxquelles seront sujets les bronzes soumis à certaines conditions de température, l'humidité, par exemple.

L'or, lui, reste intact, mais, dame ! il se paye « au poids de l'or » ! Son emploi est indispensable pour les oppositions de mats et de brillants, puis surtout pour des motifs en relief où scintilleront les reflets, éclateront les lumières ; pour les obtenir, vous emploierez une pâte-mixtion (que vous trouverez toute préparée chez les marchands de couleurs fines), ou vous prendrez tout simplement du blanc d'argent broyé à l'eau et à la glycérine dont vous composerez une pâte.

Vous poserez l'un ou l'autre de ces médiums en procédant par couches successives, jusqu'à ce que vous soyez arrivé au relief désiré ; il faut attendre toujours qu'une couche soit sèche avant d'en appliquer une autre, vous serez sûr, ainsi, d'éviter tout accident, toute bavochure et l'écaillage après coup, lequel détériorerait tout votre travail.

Le relief obtenu, vous l'enduirez de mixtion liquide sur laquelle vous appliquerez votre or, ou bien, après l'avoir délayée dans de la gomme bien adhérente, vous poserez celle-ci au pinceau. Après séchage parfait (il est prudent même d'attendre au lendemain) vous brunirez votre or, c'est-à-dire que vous le rendrez miroitant en le frottant avec une agate polie, outil dont se servent les doreurs sur bois et que, par conséquent, vous vous procurerez aisément.

En combinant les différentes méthodes que nous venons de vous indiquer brièvement vous arriverez, si vous êtes adroit et surtout si vous voulez vous donner la peine de chercher quelque peu, à produire des œuvres à effets très variés.

CHAPITRE XX

DÉCORATION SUR VELOURS

Quand on est doué d'un peu de persévérance on arrive toujours à mener à bien ce qu'on entreprend. Nous serions donc mal venu, en prétendant que la peinture sur velours est impossible ; difficile sera mieux dire.

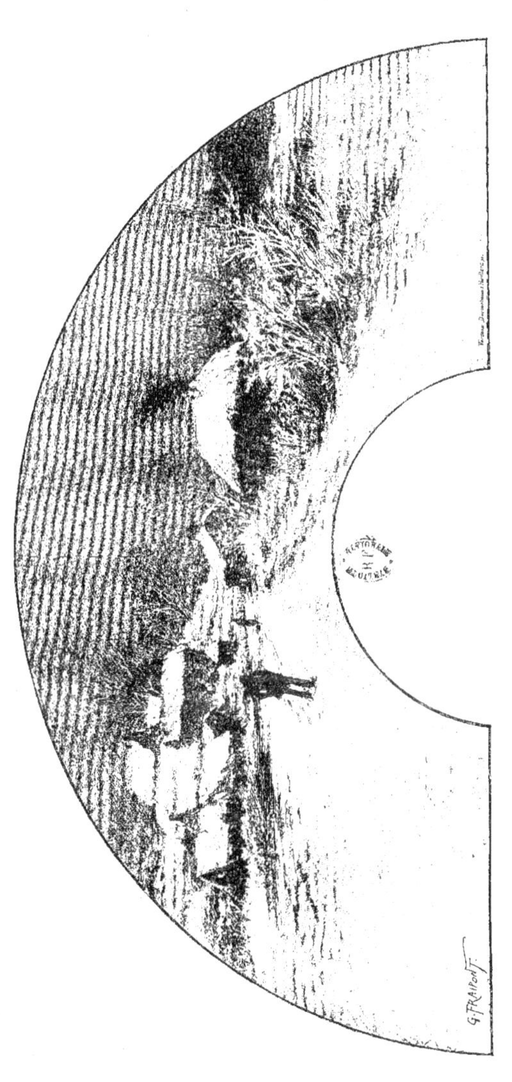

L'effet de la décora-
tion coloriée sur velours
n'est guère
attrayant, pas
plus
que le
travail
que ce genre de décoration
nécessite ; nous ne vous em-
pêchons point d'essayer, toutefois, si vous voulez vous
rendre compte et de l'agrément que cela donne et de
l'aspect qu'on obtient; les
procédés sont absolument les
mêmes que pour la peinture
sur soie, crêpe, etc. ; à cette
différence près qu'il faudra
charger beaucoup plus en
gouache pour l'ébauche ; la
nature pelucheuse du tissu
l'exige ; mieux vaudra même
peindre avec des couleurs à
l'huile.

La décora-
tion du velours
au moyen des
bronzes de couleur
est de mode depuis
quelque temps et
donne des résultats
intéressants ; l'emploi des
métaux en poudre a été
expliqué ailleurs, mais ici le médium

14

adhérent diffère : il consiste en une matière sirupeuse dénommée *chrysine*, qu'on trouvera chez les marchands de couleurs fines.

Après avoir reporté sur le velours les contours du dessin qu'on y veut « métalliser », on enduit de chrysine (à l'aide d'un pinceau) toutes les parties qui doivent avoir le même bronze comme colorant, puis on passe aux motifs d'un autre ton et on procède ainsi, en passant de bronze en bronze, jusqu'à complète « finition ». Point de règle, vous pouvez tout aussi bien commencer par les clairs que par les foncés, par les foncés que par les clairs, appliquer votre bronze citron avant votre bronze florentin ou vice versâ.

Avec un peu d'adresse, beaucoup de patience et énormément de goût, ce procédé donne vraiment des effets très pétillants dont l'art peut fort bien ne pas être exclu.

Ici comme ailleurs, on pourra marier plusieurs modes différents : se servir des bronzes comme agents principaux et se contenter de les relever par quelques touches de couleur ou bien, au contraire, s'en servir pour des repiqués, des à plats en laissant les couleurs jouer le rôle principal.

Nous avons dit qu'il fallait se servir, de préférence, des couleurs à l'huile allongées d'essence de térébenthine ; leur emploi sera plus aisé que celui des couleurs à la gouache lesquelles se craquelleraient, du reste, très rapidement.

Nous croyons utile de signaler, une nouvelle mixtion, la *mixtion Jip* qui permet d'employer les couleurs à l'huile sur quelque matière que ce soit, (étoffes, papiers, etc.,) sans avoir fait subir à celles-ci aucune préparation préalable.

CHAPITRE XXI

PEINTURE A L'HUILE

Si, dans ce « recueil », nous citons la peinture à l'huile, ce n'est point que notre intention soit d'en donner les éléments, de nommer les couleurs dont il faut enrichir sa palette, de décrire les brosses que nécessitera leur

emploi; de plus autorisés que nous ont écrit des traités où tous ces renseignements — et bien d'autres — pourront être puisés, et quand bien même
nous voudrions nous risquer à vouloir refaire ce qui a été si bien fait déjà,
le cadre de ce modeste volume ne nous le permettrait pas.

Si nous parlons de la peinture à l'huile, c'est par « cas de conscience », pour
qu'on ne nous accuse pas de l'avoir oubliée, ce qui serait injuste, du reste,
puisqu'elle convient aussi bien qu'une autre à la décoration des paravents,
moins des écrans et des éventails qu'elle risquerait de rendre lourds, à
moins toutefois d'être traités presque exclusivement à l'essence ainsi que
nous le disions pour la décoration sur velours.

CHAPITRE XXII

LE PASTEL

Le pastel, non plus, ne doit point être omis dans notre nomenclature;
il se trouve, quant aux indications de procédés, dans le même cas que
la peinture à l'huile : l'art du pastel a été développé maintes fois et nous en
parlerons d'autant moins ici — autrement que pour mémoire — qu'il nous
paraît convenir fort peu à la décoration des éventails ou des écrans, objets
qui « fatiguent » beaucoup et auraient vite faits de se débarrasser de leur
couche de pastel, quelque artistique fût-elle.

On a parlé maintes fois de fixatifs, on a prétendu en avoir inventé de parfaits!... En réalité la façon de rendre le pastel indélébile — ou à peu près —
n'est point découverte encore, et je n'ose espérer qu'on arrivera à la trouver.

Tout le charme réside dans ce duvet velouté, mais si fragile, hélas!
qu'un souffle suffit presque à l'enlever; or, si légèrement que vous y
appliquiez une matière adhérente, la nature même de celle-ci détériore
l'épiderme du pastel, c'est-à-dire ce qui en fait toute la beauté.

Jusqu'à nouvel ordre, donc, je crois qu'on fera bien de s'abstenir, de « pas-
telliser » pour toute œuvre qui aurait une destination autre que celle d'être
mise soigneusement sous verre aussitôt terminée.

CHAPITRE XXIII

PEINTURE A LA CIRE

Celle-ci n'est qu'un dérivé de la peinture à l'huile, elle peut être un agent excellent pour le genre de décoration qui nous occupe.

La facture de l'une est identique à celle de l'autre : la sauce diffère ; en voici l'assaisonnement :

Au moment d'employer vos couleurs, qui seront de simples couleurs à l'huile, vous détremperez celles-ci dans de la cire fondue à l'essence et *à froid* (il ne faut jamais faire dissoudre au feu, car la cire se figerait en refroidissant et votre travail serait impossible). Cette cire liquide sert de véhicule à vos couleurs tout comme le ferait l'huile ou l'essence, mais l'effet général est tout autre : alors qu'en peinture à l'huile vous avez des *embus*, des luisants qui produisent des miroitements désagréables, avec la peinture à la cire vous obtenez une matité parfaite, une homogénéité de surface très agréable à l'œil et qui se rapproche, en tant qu'effet général, de la peinture à la fresque.

Quiconque sait manier la brosse et le tube à l'huile saura tout aussi bien s'exprimer à l'aide de la cire.

CHAPITRE XXIV

PEINTURE EN DÉTREMPE

Si la peinture à la cire est la sœur de la peinture à l'huile, la peinture en détrempe est celle de la peinture à la gouache ; sœur aînée, par exemple, car elle date depuis bien plus longtemps.

La détrempe se fait à l'aide de couleurs « détrempées » — naturellement ! — dans de la colle de peau ou dans une mixture composée de jaune d'œuf délayé dans un peu de vinaigre et mêlé à du lait de figuier (1).

(1) Composition indiquée par Cennini et citée par Ch. Blanc.

La détrempe permet l'emploi des couleurs minérales aussi bien que des couleurs végétales.

Ce procédé convient surtout à des sujets de décoration d'une certaine dimension. Tels les décors de théâtre.

On procède comme pour la gouache et la peinture à l'huile par des masses et des foncés pour revenir dans les clairs et terminer par les piquetis brillants.

La détrempe a l'avantage d'être très solide de ton; elle noircit moins que la peinture à l'huile et convient mieux peut-être à des œuvres décoratives.

Il faut une certaine habitude pour s'en servir; les couleurs très liquides sont, lors de leur application, beaucoup plus foncées que lorsqu'elles sont sèches; il est même souvent assez difficile d'en démêler le ton exact; il faut se faire à ces variations dont vous avez pu juger vous-même bien des fois, si vous avez vu peindre un plafond à la colle : lorsqu'on vient de le badigeonner il est d'un gris sale qui ne laisse en rien deviner la blancheur éclatante dont il éclairera la pièce lorsqu'il sera sec. Ainsi se conduiront toutes les couleurs de détrempe dont vous vous servirez; après quelques essais vous serez habitué à ces caprices et vous ne vous en inquiéterez plus.

La peinture en détrempe se fait sur bois, sur toile, sur cuir, étoffes, etc.

CHAPITRE XXV

PEINTURE EN IMITATION DE TAPISSERIE

La « simili-tapisserie » peut s'accommoder on ne peut mieux de l'écran ou du paravent.

On se sert, ou de couleurs spéciales à l'eau, fixes, ou de couleurs à l'huile employées à l'essence.

Sous la dénomination de toiles imitation tapisserie ou de toiles Binant, vous trouverez tous les grains, tous les genres de tissus préparés en conséquence, et de divers tons, gris, bleutés, crème, etc.

MINOU
TOM

Après avoir fait votre dessin et l'avoir reporté sur la toile tendue, vous peindrez sans empâtements en procédant comme pour l'aquarelle.

L'outillage n'a rien de particulier et se compose d'une gamme de couleurs à peu près pareille à celle employée pour tout autre genre de peinture, mais on se sert de préférence de brosses rondes.

Nous n'avons donc aucune indication spéciale à donner : toute la différence, ici encore, réside dans le genre de couleurs dont il faut se servir, et dont nous venons de dire la nature.

<hr>

CHAPITRE XXVI

LA PYROGRAPHIE

Nous avons, je pense, épuisé tous les procédés picturaux. Nous allons dire quelques mots, si vous le voulez bien, d'un moyen vieux comme le monde en tant que procédé, mais tout à fait neuf comme application : il s'agit de se servir du feu comme agent. On peut, en l'employant adroitement — en tous cas sans aucun danger — obtenir des effets d'une grande puissance et fort artistiques.

La couleur n'ayant ici, aucun rôle à jouer, le dessin sera la base, la connaissance des valeurs le point de départ.

Il n'est question, en somme, que de décoration en noir sur blanc ; des brûlures remplaceront le crayon ou le fusain ; du bois, du cuir ou de l'ivoire tiendront lieu de papier, de soie ou de satin.

Grâce au procédé *pyrographique*, vous pourrez faire des panneaux décoratifs ou illustrer des lames d'éventails d'une manière toute pittoresque.

Ce n'est, vous le voyez, qu'un changement d'outil ; si vous savez composer et dessiner, du premier coup vous réussirez, c'est très simple.

Je n'ai pas besoin de vous dire qu'un fer rougi au feu et appliqué sur une matière combustible y laisse une trace noire — une ampoule, si c'est sur votre peau que vous l'appliquez, ce que je vous déconseille de toutes mes

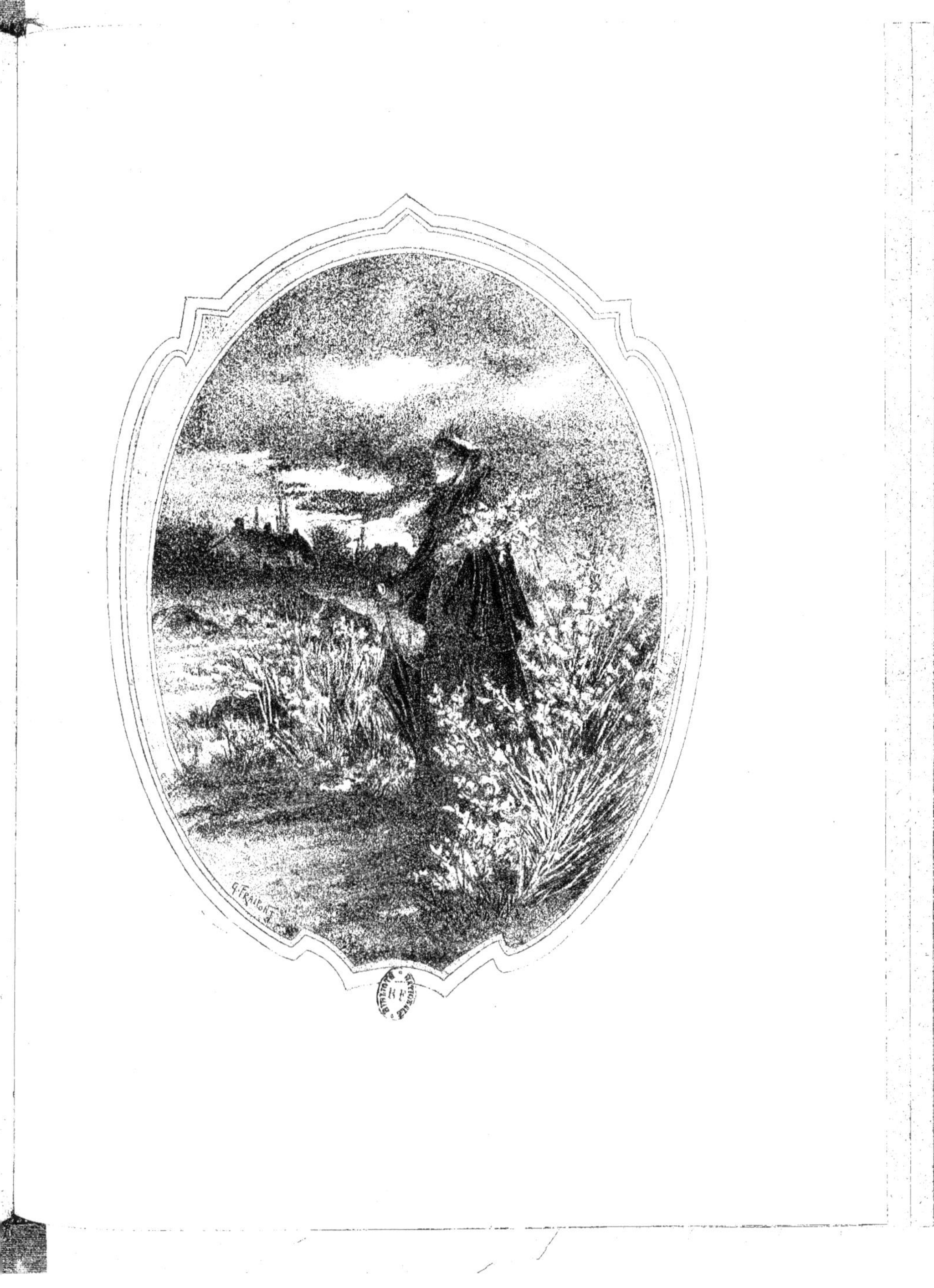

forces ; — plus le fer sera chaud, plus vous appuierez et plus la partie touchée
par le fer incandescent sera noire et profonde. Partant de ce principe vous
pourrez donc obtenir tous les tons, depuis les plus légers jusqu'aux plus
intenses, suivant que votre fer sera plus ou moins chaud et que vous l'appliquerez plus ou moins vigoureusement. Vous tracerez aussi les plus grandes

finesses et les traits les plus accentués en vous servant d'outils affilés, dans
certains cas, obtus dans d'autres.

C'est simple comme bonjour, vous le voyez, et c'est presque vous faire
injure que d'ajouter d'autres explications, je n'en doute pas ! Quelques mots
encore pourtant : combinez vous-même votre outillage, ne consultant, en ceci,
que votre propre initiative ; vous vous servirez de fers carrés, arrondis, droits
et recourbés, de pointes aiguës et de pointes émoussées, d'aiguilles à coudre

15

et d'aiguilles à tricoter, bref, de toute la ferraille que vous posséderez, mais vous aurez soin d'emmancher les unes et les autres dans des manches assez longs pour ne pas vous brûler les doigts — ce qui serait un moyen fort désagréable de « pyrographier ».

Si, lorsque vous vous servez d'un crayon vous avez l'habitude déplorable de fourrer celui-ci en bouche, si vous avez la manie — plus inoffensive — de glisser votre plume derrière l'oreille, je vous conseille fort de perdre cette habitude, d'abandonner cette manie, lorsque vos outils seront des fers rouges... Il pourrait vous en cuire; vos oreilles et votre langue trouveraient, au bout de peu de temps, que décidément la pyrographie est un procédé bien désagréable!

Que vous fassiez rougir vos fers dans un réchaud — gare l'asphyxie! — ou à la lampe à alcool, peu importe, pourvu qu'ils atteignent le degré de chaleur voulu. Il est toutefois un moyen fort pratique, ma foi! c'est celui dont se servent messieurs les médecins lorsqu'ils s'offrent le plaisir grand — pas pour le malade — de faire des pointes de feu au moyen du *thermocautère*, instrument muni d'une poire en caoutchouc — comme le vaporisateur susnommé — et sur laquelle on fait pression plus ou moins violente pour activer plus ou moins la chaleur. Il est facile d'agencer

à cet instrument, au fur et à mesure de leur emploi, des pointes de diverses sortes.

L'adaptation du système aux besoins de la pyrographie est faite, du

reste, et vous trouverez des appareils tout préparés à cette intention.
Et maintenant, à vos pièces :
En joue... feu !...

CHAPITRE XXVII

LE VERNIS MARTIN

Si vous ne redoutez pas quelques manipulations, cher lecteur, ou si vous voulez varier vos plaisirs, essayez du vernis Martin. — Ce procédé tout spécial est certainement moins employé que tous ceux qui précèdent, mais... raison de plus pour en essayer si vous voulez sortir des chemins battus.

L'effet rendu, vous le connaissez, vous avez certainement vu maintes fois — fût-ce dans nos musées, à Cluny, par exemple, ces superbes horloges du xviii siècle ; vous vous serez donc rendu compte des résultats que l'on peut obtenir.

Je vais tâcher de vous expliquer de mon mieux les secrets du sieur Martin, devenus, du reste, secrets de Polichinelle.

On peint sur « vernis Martin » comme on peint sur toile, avec des couleurs à l'huile, à cette différence près qu'il faut ici éviter les empâtements. Nous ne nous appesantirons donc point sur le côté pictural, nous bornant à citer les divers emplois de la couleur lorsqu'ils différeront de ceux de la peinture à l'huile. Mais procédons par ordre.

D'abord la matière première : le bois.

Tous les bois employés dans l'industrie du meuble conviennent au vernis Martin — qu'ils soient tendres comme le sapin, le peuplier ou le tilleul, qu'ils soient durs comme l'acajou, le palissandre ou le citronnier ils s'accommodent fort bien de l'application du vernis ; les uns ou les autres ont les qualités de leurs défauts (en admettant que la dureté et la tendreté puissent être appelés ainsi).

Si les premiers sont vernis plus rapidement et nécessitent moins de couches, les seconds *s'emboivent* mieux, le vernis, entrant dans les pores, s'amalgame avec le bois, il en résulte une solidité qui défie le craquelage, accident à craindre avec les bois durs.

Vous vernirez votre bois suivant sa nature, le résultat doit être toujours l'obtention d'une surface absolument lisse et brillante comme une glace.

On commence par l'encollage au moyen de colle de peau et d'une couleur à l'eau, on délayera l'une et l'autre en les mélangeant, puis on étendra ce liquide à l'aide d'un pinceau plat, — ceci pour les grandes surfaces.

Le blanc spécial pour fonds, préparé à l'huile et allongé d'essence de térébenthine, suffit pour les objets de dimension minime.

Ce premier enduit bien sec, on le poncera à l'aide de papier de verre très fin ou de ponce en poudre impalpable employée à sec. — La surface ainsi bien unifiée, on encollera à nouveau ; on renouvellera cette double opération cinq ou six fois, jusqu'à ce que le bois soit bien imprégné (1).

Le vernis devra sécher à une température de 20 à 22 degrés, — pas davantage. — Il est toujours aisé de s'organiser en conséquence, soit en mettant tout uniment les panneaux ainsi préparés dans une pièce chauffée à la température voulue, soit en les enfermant dans un four chauffé au gaz ou au charbon.

Lorsque, grâce à ces vernissages successifs et à ces ponçages répétés, la surface sera devenue absolument unie, vous couronnerez votre œuvre par une dernière application au vernis à polir, que vous poncerez également et que vous *astiquerez* ensuite avec de la flanelle roulée en tampon jusqu'à ce que vous puissiez vous mirer dans votre travail — ce que vous ferez, avec complaisance, si vous avez réussi au gré de vos désirs.

Voici une autre méthode de vernissage préconisée par A. Recolin. J'en copie la formule dans l'excellent *Traité sur le vernis Martin* par Karl Robert : « Prendre en parties égales du blanc d'Espagne, du blanc de céruse et de l'ocre rouge finement pulvérisés et mêlés à sec, puis délayer au vernis copal blond assez clair, et étendre en couches minces. »

Ce blanc délayé au vernis séchant assez vite permet de donner jusqu'à six couches par jour. Le ponçage et le polissage se font, bien entendu, de la même façon que celle indiquée plus haut.

---

(1) On peut aussi apprêter en remplaçant la colle par du vernis à l'alcool. Le ponçage se fera alors avec du tripoli de Venise.

La surface obtenue par cette méthode est très belle, mais plus sujette au craquelage ; accident d'autant plus redoutable qu'il est irréparable.

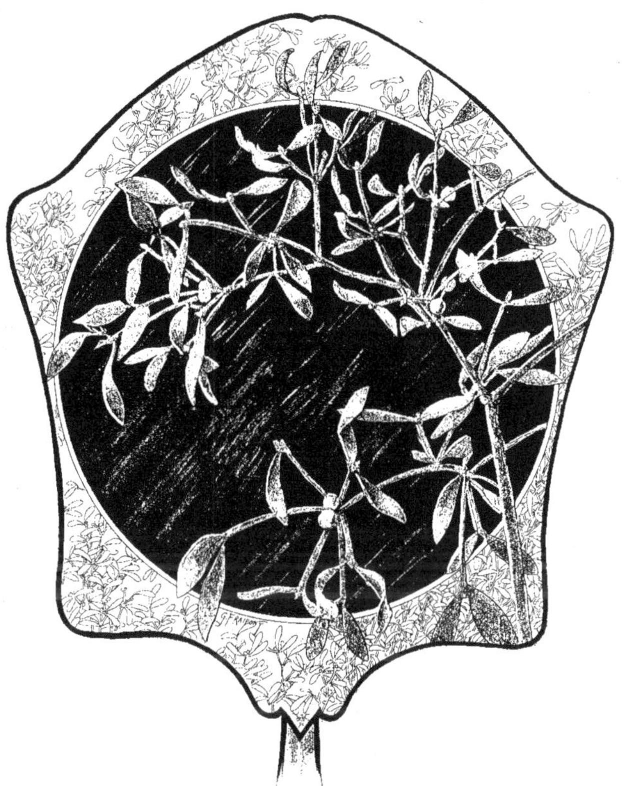

Mieux vaut se donner un peu de peine pour la préparation des bois, y consacrer plus de temps, que de risquer, en employant des moyens plus aisés et plus rapides, de compromettre toute la suite d'un travail par manque de précautions préliminaires.

Il est, en somme, à tous les points de vue, préférable de réserver les vernis à l'alcool pour enduire l'ensemble, après peinture faite, et de n'employer pour les apprêts que le vernis gras ; celui-ci fermera hermétiquement les pores du bois, en y pénétrant profondément ; il y aura entre les deux matières une association parfaite dont la solidité défiera presque tout accident et résistera, dans tous les cas, à l'humidité, fort à craindre avec les vernis à l'alcool.

En passant les encollages il faudra vous préoccuper du ton choisi pour votre fond et mélanger à votre colle de la couleur en poudre de ce ton, du noir de fumée, si vous voulez obtenir le laqué noir, — du rouge, du bleu, bref la couleur qui devra soutenir toute votre composition.

Vous pourrez aussi, au moment de l'application du vernis à polir, teinter celui-ci d'un peu de couleur, cela donnera du corsé à votre ton.

Karl Robert recommande la méthode que voici pour l'obtention du fond bleu de Sèvres : « On délaye du bleu de Prusse dans le vernis Vibert ; on verse le mélange en couche épaisse qu'on promène sur toute la surface du panneau, puis on laisse la teinte s'unifier en séchant. »

Du genre de sujets à traiter nous ne parlerons point : ils sont entièrement laissés à votre fantaisie, à votre bon goût.

A la peinture sur vernis on peut adjoindre d'autres modes de décoration qu'on pourra même employer seuls, sans le secours de la couleur :

Tels les ors, l'*aventurine*, etc., dont se servent avec profusion les Japonais et les Chinois pour l'ornementation de leurs laques. — Vous savez s'ils arrivent à en tirer artistiquement parti et combien le charme en est grand.

Partons du plus simple d'abord : les fonds or unis. — Il est diverses méthodes ; la plus simple est... de ne pas la faire du tout et d'avoir recours, pour ce faire, à des gens de métier :

> Je n'déteste pas l'ouvrage,
> Quand c'est les aut's qui l'font !...

A moins d'être doreur de profession — ou de faire un apprentissage assez long — vous éprouverez toutes sortes d'ennuis si vous voulez vous-même essayer de dorer à la feuille, non pas que cela soit bien sorcier — c'est très simple, au contraire — mais l'or est réduit en feuillets tellement minces

L'ÉVENTAIL, L'ÉCRAN, LE PARAVENT.

qu'au moindre soupir

à plat une feuille d'or avant de l'appliquer cela vous
rendra déjà enragé : ça se roule, ça se réduit en chiffe ! ça s'envole... Pas moyen
d'en venir à bout ! J'ai essayé une fois, moi qui vous parle. J'étais décidé à
user de patience (ce qui est peu mon habitude)... J'ai été angélique pendant
dix minutes — peut-être bien un quart d'heure — poursuivant gentiment
le redressement de ma feuille en retenant mon souffle... Ah ! ouiche ! Quand
j'étais arrivé à mettre à plat un coin, l'autre coin s'embrouillait de plus
belle !... Adieu cette angélique patience ! J'ai commencé par maugréer, puis
j'ai pesté, puis j'ai coléré, puis... j'ai envoyé à tous les diables mon or et
mon blaireau, j'ai pris mon chapeau et ma canne et j'ai fini par où j'eusse dû
commencer... par une visite à mon doreur auquel j'ai, d'un ton lamentable,
conté ma mésaventure ! Vous croyez qu'il m'a plaint ? Pas du tout, il s'est
moqué de moi, cet homme, puis, d'un air important, cueillant avec son couteau une de ces enrageantes feuilles d'or, d'un coup de poignet et d'une
halenée il l'aplatit absolument. — Ce tour d'adresse exécuté, il se retourna
vers moi de l'air d'un dompteur saluant le public !....

Non, mais essayez donc, si vous croyez que c'est ma maladresse seule qui
est cause de ma non-réussite et vous verrez si, tout comme moi, après un
tas d'essais infructueux, vous n'irez pas échouer chez votre doreur !

Si encore, une fois la feuille d'or mise à plat c'était fini, mais il faut
l'appliquer — et toujours à plat — sur votre panneau, en reprendre une
autre *idem* et *idem* la réappliquer !

Nous avons dit qu'il y plusieurs méthodes pour dorer un fond ; nous venons de vous en indiquer une qui est d'une gaieté !... l'autre consiste dans l'emploi de l'or en poudre ; mais ceci devient assez coûteux ! et mieux vaut employer les bronzes qui risqueront moins de se détériorer ici qu'ailleurs, puisqu'ils seront protégés par le vernis.

Pour bronzer, enduisez d'abord votre panneau de vernis, ensuite attendez que celui-ci, sans être sec, reste adhérent — gluant serait mieux dire — puis appliquez vos bronzes.

Avec les métaux en poudre on a une ressource que la dorure à la feuille ne laisse pas : on peut obtenir des gradués, des mouchetures, que sais-je ! Voici un moyen facile de dégrader un ton, de l'obtenir plein sur un des côtés et s'en allant à rien de l'autre : posez à plat, du côté que vous voulez vigoureux (et à même hauteur que la surface à dorer), une feuille de papier glacé sur laquelle vous aurez répandu votre paquet de bronze : au moyen d'une brosse douce, d'un blaireau, d'un pinceau, chassez le bronze sur votre panneau, il ira s'étaler en s'éclaircissant, couvrant en plein les parties rapprochées et piquetant graduellement toutes les autres.

Vous pourrez, du reste, employer ce

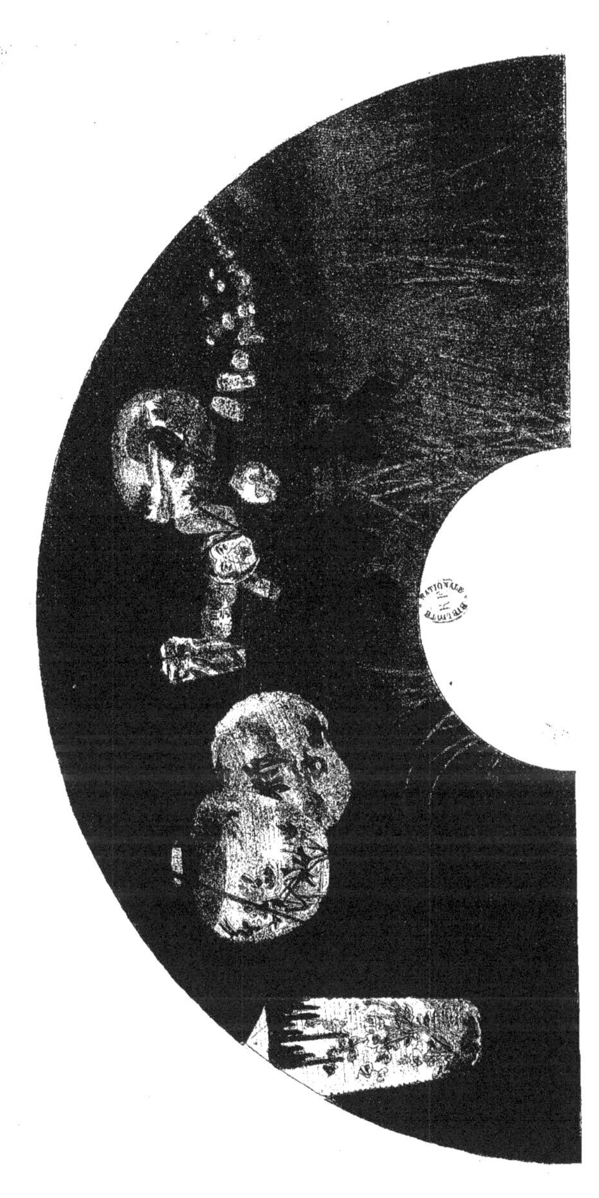

procédé avec des couleurs broyées en
poudre impalpable : des rouges, des
bleus, etc., pour obtenir des effets im-
prévus ou cherchés et tout différents
de ceux que vous donneraient des
couches successives de couleurs à
l'huile délayées à l'essence.

On nomme *aventurine* les bronzes
réduits en paillettes. — Son application est en tout pareille à celle de la
poudre, soit que vous vous en serviez
pour corser un ton bronzé déjà appliqué, soit que vous l'employiez seul
pour fioriturer votre fond ; pour en-
voyer l'aventurine sur celui-ci, vous
vous servirez d'une grille dans le genre
de celle indiquée pour le crachis (1),
vos pailletis de bronze remplaceront l'encre, un putois tiendra
lieu de brosse, la manœuvre sera la
même (2).

Des rognures de nacre ou de mica
pourront, suivant le cas, remplacer
ou accompagner l'aventurine.

Après l'application des fonds d'or
ou de bronze, on vernit ; si l'on veut
laisser transparaître intacts les tons
de ceux-ci on se sert d'un vernis incolore ; si l'on désire « culotter » le
fond, on teintera le vernis de bitume.
Vous pourrez « ternir » votre or, du

(1) Voir chap. xvii.
(2) La grille pourra s'employer aussi pour les
bronzes.

reste, avec le ton que vous croirez devoir le mieux convenir à l'ensemble de votre décoration.

Les ors et les bronzes ne doivent pas être considérés uniquement comme éléments de fonds; suivant votre fantaisie vous en tirerez parti pour des rehauts, des repiqués, tout comme vous l'avez fait dans les éventails peints sur soie, sur étoffes; vous l'appliquerez soit en poudrage (comme nous venons de le dire), soit au pinceau après l'avoir mélangé au vernis.

Vos fonds sont prêts; maintenant vous pouvez peindre.

QUATRIÈME PARTIE

RENSEIGNEMENTS COMPLÉMENTAIRES

CHAPITRE XXVIII

ENCADREMENT — USTENSILES PRATIQUES — TERMES TECHNIQUES

Nous avons terminé, ce nous semble, la revue des divers modes décoratifs s'agençant aux éventails, aux écrans, aux paravents.

Il nous semble utile d'ajouter aux renseignements donnés pour chacun de ces procédés, pris séparément, d'autres renseignements plus généraux, s'appliquant à tous, par conséquent.

Nous avons parlé d'encadrements décoratifs. A ce sujet, un conseil :

Il vaut mieux exécuter ceux-ci après le montage. Quels que soient le soin, l'adresse de celui que vous chargerez de ce travail fort délicat, il ne suivra pas toujours exactement votre contour, cela sera parfois impossible; en tendant l'étoffe il peut se produire des gauchissements, puis, il faut bien dire que ce qui est aisé pour le pinceau, qui peut s'offrir, lui, toutes les excentricités imaginables et s'ingénier à trouver les contours les plus compliqués, l'est beaucoup moins pour l'outil de l'encadreur ; pour peu que votre contour extérieur soit historié, le monteur ne pourra le suivre que par « à peu près ». Il en résultera des irrégularités fort désagréables à voir : ici votre ligne extérieure se butera contre la monture, là il y aura entre l'une et l'autre un vide... bref ce sera de « guingois ». — C'est vilain !

Faites donc tout le corps de votre composition et laissez l'entourage comme travail de finition ; donnez à votre monteur le gabarit du contour

extérieur ; une fois votre éventail fixé sur ses lames, ou votre paravent encadré, vous ferez *ad hoc* votre ornementation complémentaire et vous suivrez facilement les méandres de la monture, qui sera ainsi, par vous, régulièrement cernée.

En donnant pour chaque procédé les indications qui lui sont propres, est-ce à dire qu'il faille uniquement s'en tenir à celles-ci, ne jamais s'en départir ? Nullement ! Notre intention, en écrivant ce volume, a été d'aider à la connaissance des moyens pratiques pour arriver à la décoration, de quelque matière que ce soit. — Vous pourrez trouver d'autres moyens ; des artifices, des *ficelles* à vous ; ajouter, retrancher, modifier ; essayer aussi de combiner diverses « manières » entre elles ; tenter d'appliquer le procédé de l'une à celui d'une autre, mélanger, cuisiner, faire des plats nouveaux ; vous en découvrirez parfois de succulents.

Rien ne devra être négligé pour faciliter le travail ; il faut qu'en ceci chacun agisse d'après son caractère, son tempérament. Un outillage des plus primitifs, — à mon avis, c'est le meilleur, mais mon avis n'a pas force de loi, tant s'en faut ! — suffit à certains artistes, d'autres ont besoin d'une foule d'instruments de toutes formes, de toutes espèces. Alors qu'un tel travaillera dans n'importe quelles conditions, sur un coin de table, debout ou assis, tel autre ne fera rien s'il n'a toutes ses aises !

Comme nous désirons nous adresser à tous et, si possible, être utile aux « simples » comme aux « compliqués », nous citerons à côté des instruments indispensables des *ustensiles* qui pourront sembler abusifs ou superflus à certains, mais faciliteront la tâche des autres..... je l'espère, du moins.

On essayera ceux qu'on voudra : on s'en servira peu ou prou; mon rôle se borne à vous les faire connaître, eux et leur emploi.

Il est utile aussi de pouvoir traduire certains termes usités par les « gens de métier »; nous allons vous y aider en vous en expliquant les principaux.

Aux ustensiles d'abord :

L'*équerre*, le *Té*; deux instruments indispensables pour dresser des perpendiculaires. Ils sont trop connus pour nécessiter la moindre explication; le Té est surtout utile lorsqu'on se sert de la planchette à dessin, sur les rebords de laquelle on en fait glisser la tête en serrant bien exactement l'un contre l'autre. — La planche à dessin étant toujours d'équerre — rejeter celles qui ne rempliraient pas cette condition — on est sûr de l'exactitude des perpendiculaires. On se sert, pour les obliques, de Tés mobiles; au moyen d'une vis on donne à la tête la pente voulue et on procède comme ci-dessus.

Le *pantographe*, vulgairement appelé « singe », est un instrument servant à copier, agrandir ou rapetisser un dessin. — Bon pour ceux qui sont tout à fait incapables de dessiner et doivent s'en tenir, pour la reproduction d'une forme, à des moyens mécaniques qu'il faut rejeter si l'on veut apprendre. — Le pantographe ne vous apprendra absolument rien. — Grâce à un agencement de vis et de tringles, il suffira de passer la pointe, dont une de ces tringles est munie, sur tous les traits de l'original, la copie s'en fera toute seule sur le papier ou l'étoffe qui devra la recevoir, grâce à une autre tringle, munie d'un crayon qui retracera, par *action réflexe*, tout ce que vous ferez faire à sa « correspondante ».

Le meilleur moyen d'agrandissement ou de réduction des sujets compliqués ou jugés trop difficiles par celui qui veut le reproduire est le *carreau*. On trace sur le sujet — ou sur un papier végétal qu'on applique déssus — une série de carreaux réguliers; sur votre papier vous indiquez également un quadrillé; la grandeur de chaque carré sera en proportion — par rapport à l'original — avec la réduction — ou le grandissement que vous voulez obtenir. — Si vous voulez faire votre dessin moitié moins grand que l'original, votre « carrelage » sera, lui aussi, moitié moins grand sur celui-ci que sur celui-là.

En copiant, vous n'aurez qu'à dessiner dans le premier carreau ce qui paraîtra dans le premier carreau de l'original, dans le second, ce qui tombera dans le second et ainsi de suite; vous obtenez en somme la subdivision de votre sujet en autant de petits sujets qu'il y a de carrés; en vous faisant mentalement — ou à haute voix, si cela vous amuse — les remarques de la place que chaque chose occupe dans chaque subdivision, en vous disant : « Telle ligne du dessin vient couper au milieu ou au tiers de sa hauteur, la verticale du troisième carré; — telle autre ligne vient à l'intersection du troisième et du quatrième, etc., etc. », vous arrivez à mettre tout en place.

C'est purement mathématique, vous voyez, c'est l'équivalent presque de ce que, en sculpture, on nomme la mise au point.

Pistolet. — Rassurez-vous, il n'est pas chargé et ne sert que lorsqu'on n'a pas la main assez sûre pour tracer certaines courbes irrégulières, impossibles à trouver au compas. — Le pistolet est à la ligne courbe ce que l'équerre est à la ligne droite; il consiste en une surface de bois mince, capricieusement découpée à la scie en courbes de diverses grandeurs, de diverses projections; en posant à plat l'instrument sur votre dessin et en cherchant à faire correspondre les découpures du pistolet avec les lignes que vous avez indiquées par à peu près sur votre croquis, vous rectifierez celles-ci en glissant le crayon sur le rebord de l'instrument qui remplira l'office d'une règle.

— Ceux qui voudront procéder ainsi pour leurs travaux d'ornementation auront des pistolets de diverses formes et grandeurs. — On m'a dit que c'était très commode, c'est bien possible, mais pour ma part, j'avoue ne m'en être jamais servi.

Le *tire-lignes* — n'a pas besoin d'être décrit, n'est-ce pas ! Vous en possédez certainement un ou deux dans votre boîte à compas. Il rend de fort grands services pour le tracé de traits, qu'on pourra, avec son aide, obtenir fins ou gros, et absolument réguliers d'un bout à l'autre.

Appuie-main. — Un peu plus long qu'une canne, terminé d'un côté par une boule qu'on garnit d'un tampon — comme on mouchète un fleuret, — l'appuie-main, son nom le dit, sert à soutenir la main — le poignet plutôt — lorsqu'on travaille au chevalet ; la pointe mouchetée s'appuyant sur celui-ci ou même (avec précaution) sur l'œuvre en train.

Châssis. — Il est des châssis *ordinaires* et des châssis *à clefs* ; les premiers consistent en quatre tringles de bois ajustées aux angles et reliées entre elles par le milieu par une barre transversale. C'est sur châssis qu'on tend les toiles à peindre, le papier, etc.

Dans les châssis à clefs, les angles ne sont pas fixés mais seulement mortaisés, très serrés. A chaque angle deux petites lamelles de bois — ce sont ces lamelles qu'on appelle *clefs* — qu'on enfonce doucement à l'aide d'un marteau

lorsque la toile ou le papier se détend : cela s'appelle *chasser les clefs* ; il faut, bien entendu, ne chasser que celles qui correspondent à la partie distendue. — Ce genre de châssis est d'un prix supérieur aux autres, mais il est à tous égards préférables, pour des œuvres soignées.

Chevalet. — Le plus pratique est, évidemment, le chevalet à crémaillère, qui permet de placer son œuvre à toutes hauteurs et de lui donner toutes inclinaisons ; pour travailler au dehors il faut se munir d'un chevalet de campagne articulé, composé de trois pieds — terminés chacun par une pointe — et d'une traverse-support ; les montants sont à coulisseaux et à charnières, ce qui permet le reploiement. — C'est pratique et peu encombrant, et même à l'atelier il rend des services.

Estompes. — Pour certains procédés, on l'a vu, l'estompe est indispensable.

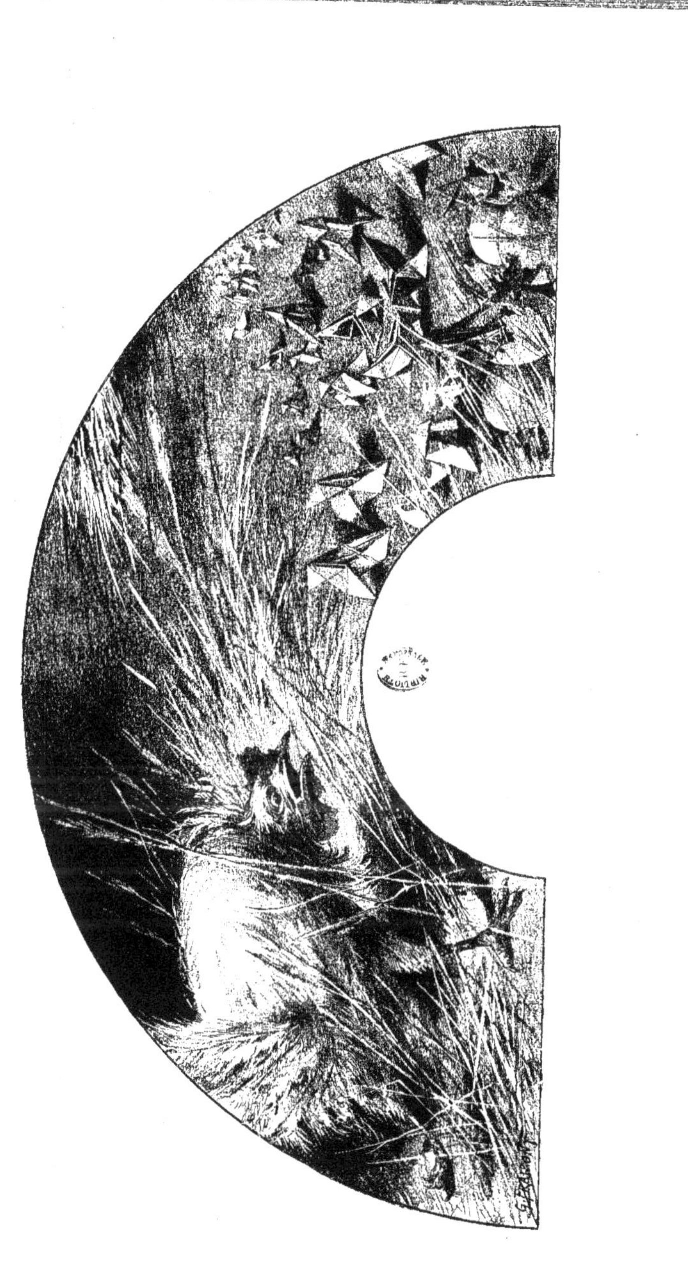

— On en aura de diverses grosseurs et diverse-
ment fabriquées ; en peau, en papier ; —
on y joindra des « tortillons », sorte
de petits rouleaux en papier bu-
vard se terminant en pointe.

Blaireau, *putois*, —
queue-de-morue, — *pied de
biche*, etc. — Tout cela
signifie : pinceaux, brosses ; les noms divers in-
diquent diverses formes,
chaque forme indique à
son tour un emploi différent.
Le blaireau est une brosse très
souple et très douce. La queue de
morue un pinceau plat, large,
pour coucher de teintes, de vernis
ou d'apprêt les grandes surfaces. —
Le putois sert à tamponner, le pied
de biche aussi, mais pour faire un travail différent, etc., etc.

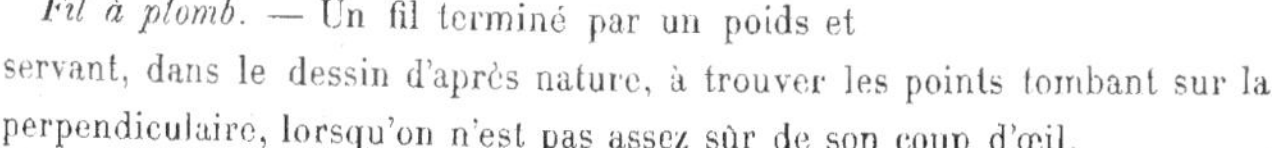

Fil à plomb. — Un fil terminé par un poids et
servant, dans le dessin d'après nature, à trouver les points tombant sur la
perpendiculaire, lorsqu'on n'est pas assez sûr de son coup d'œil.

Mannequin. — Peut rendre de grands services à qui sait s'en servir... Est
absolument nuisible à qui en use maladroitement.

Le mannequin est monté sur un squelette en fer, articulé, couvert d'un
rembourrage et simulant les formes humaines. Le mécanisme du squelette
est combiné de façon à donner toutes les poses, mais ce n'est point comme
« mouvements » qu'il faut l'employer (là est l'erreur de certains peintres),
mais seulement pour des vêtements, des draperies, etc. Alors qu'on a ébau-
ché toute son œuvre le mannequin est utile, parce qu'on est sûr de retrouver
les plis, les *chiffonnures* et de pouvoir les étudier à loisir.

Maquette. — Un diminutif *en bois* du précédent ; il sert comme lui pour des œuvres petites, des croquis, etc. Pour les sujets qui nous occupent dans ce volume il est grandement suffisant, d'autant qu'il peut aider à esquisser des mouvements, des allures, etc. On trouve des maquettes de toutes grandeurs tout aussi bien maquettes d'hommes, d'enfants que de chevaux, chiens, etc.

Nous bornons là notre nomenclature.

Si vous tenez absolument à compliquer votre « laboratoire », cela vous sera facile ; les instruments ne manqueront pas, on en crée de nouveaux tous les jours — combien inutiles ! il en est de tout mignons et d'imposants, d'extravagants même ; vous pourrez, si le cœur vous en dit, vous offrir le luxe d'un *coordonographe* — instrument pour la perspective ; d'un *physionotrace*, instrument pour dessiner les portraits ! — Puissent-ils faire votre bonheur ; en tout cas ils ne feraient pas le mien !

Voici maintenant de quoi « émailler votre conversation » de termes techniques. Mais... attachez-vous davantage à savoir faire ce qu'ils veulent dire qu'à les savoir dire sans les savoir faire ; produire de l'effet à l'aide de mots ronflants cela n'est pas bien difficile ; si nous citons ici — un peu au hasard de la plume, sans préoccupation d'ordre alphabétique — quelques termes de métier c'est uniquement pour votre usage personnel et non pour vous aider à... « épater le bourgeois » — ce qui ne prouve rien !

Académie. — Figure d'après le modèle vivant ; ce terme ne s'applique qu'au nu.

Écorché. — Modèle dont la peau est enlevée pour laisser à nu tous les nerfs, tous les muscles,... inutile d'ajouter que ceci n'est pas du modèle « vivant » l'amour du métier n'a pas jusqu'ici, été poussé assez loin par les modèles de profession, pour qu'on ait pu obtenir d'eux de se... déshabiller aussi complètement.

Ronde-bosse. — Sujets en relief d'après lesquels on fait des études de dessin ; en atelier ce terme s'applique généralement aux dessins d'après les plâtres.

Coupe. — Dessin représentant une partie d'édifice, ou un édifice entier qu'on suppose coupé, de façon à laisser voir les détails de la section.

Couper un sujet. — Se dit de la façon d'arrêter les bords d'un dessin — savoir couper son sujet de façon à le renfermer dans le cadre pour en faire valoir la silhouette générale est moins aisé qu'on pourrait le supposer. Tel sujet fera mieux avec beaucoup de ciel et peu de terrain, tel autre avec plus de terrain que de ciel; le motif principal ressortira davantage rejeté vers la gauche ou poussé vers la droite, toutes choses dont il faut beaucoup se préoccuper, aussi est-ce pour cela que les peintres tiennent à avoir leur cadre avant de finir une toile — d'aucuns mêmes ne font leurs tableaux que sur toile encadrée.

Raccourci. — Effet de perspective faisant paraître un sujet plus court.

Délinéation. — Dessin indiqué seulement par des lignes.

Pochoir. — Ouverture découpée dans du papier ou du métal très mince et au travers de laquelle on frotte une teinte dont les formes sont arrêtées par les rebords de ladite ouverture.

Échelle. — Signifie ici proportions : Si vous entendez dire que, dans une composition, telle chose n'est pas à son échelle, il faudra traduire : n'est pas à son plan, est trop petite ou trop grande.

Catagraphie. — Lisez profil.

Un dessin charbonneux. — Lourd, trop noir.

Vignette. — Faire un dessin en vignette veut dire : sans cadre arrêté, les bords se terminant en croquis.

Lignes occultes. — Peu marquées, indiquées au pointillé; elles sont employées pour faire sentir, dans une démonstration, les parties placées derrière d'autres parties.

Méplat. — Indication des plans par le modelé, les ombres, changements de plans.

Hacher. Hachures. — Traits rapprochés les uns des autres pour le modelé d'un dessin.

Grené. — Petits points plus ou moins rapprochés pour obtenir un ton soit uni, soit gradué.

Graphique. — Ce qui se rapporte au dessin, surtout au dessin à la plume et à ses dérivés.

Gabarit. — Le gabarit est au dessin (à l'impression) ce que le *patron* est à la couturière, au tailleur : une forme découpée en papier ou en bois, voire de simples mesures indiquant les dimensions en tous sens.

Fouiller. — Un dessin bien fouillé veut dire bien travaillé, bien indiqué comme détails.

Craticuler. — Synonyme de grandissement au carreau (voir ce qui a été dit à ce sujet à la suite du mot pantographe).

Ton sourd. — Tons sans vibrations, éteints.

Assourdir, Éteindre un ton c'est diminuer son éclat.

Bambochade. — Se dit d'une peinture sans importance ou de la représentation d'un sujet trivial.

Feuiller. — Peindre ou dessiner du feuillage.

Empâter. Empâtement. — Poser la couleur par épaisseur, l'inverse du *Glacis*, qui veut dire appliquer des tons légers laissant transparaître les dessous dont ils modifient ou atténuent la couleur.

Embu. — Partie d'un tableau dont les couleurs, entrant dans la toile, forment des mats qu'il faut réveiller par le vernis, car ils font tache et empêchent de voir le ton réel.

Effumé. — Peint avec légèreté.

Drapé. — Dessin ou peinture des vêtements, d'étoffes.

Diptyque. — Tableau en deux parties.

Triptyque. — Tableau en trois parties.

Croûte. — Le contraire d'un chef-d'œuvre.

Flou. — Dont les contours sont noyés.

Clair-obscur. — Parties demi éclairées dans les parties d'ombre.

Cartouche. — (Ne dites pas *une*, s. v. p., mais *un*.) Ce mot s'applique aux écussons, aux cartels, mais en réalité signifie la représentation d'un carton, d'un cuir dont les bords sont enroulés plus ou moins capricieusement.

Ragoût de couleurs. — Ensemble de couleurs agréable à voir.

Pastiche. — Imitation d'un peintre par un autre peintre. Le pastiché est le premier, le pasticheur le second.

Peintreau. — Est au bon peintre ce que la croûte est au chef-d'œuvre.

Broyeur d'ocre. — Absolument comme ci-dessus.

Fabriques. — Terme de paysagiste servant à indiquer la représentation des maisons, de l'architecture.

Repentir. — Partie retouchée mais dont la première indication se laisse deviner.

Repoussoir. — Partie vigoureuse faisant valoir toutes les autres.

Réveillon. — Touche brillante, très lumineuse. (Rien de la nuit de Noël!)

Aventurine. — Bronze en paillettes.

Séance. — Le temps de pause d'un modèle.

Patine. — Le ton que prend un tableau, une couleur en vieillissant. « C'est d'une jolie patine » veut dire d'une jolie qualité de ton.

Carné. — Couleur chair.

Carnation. — Le coloris des chairs.

Fondus. — Fondre les tons signifie les noyer les uns dans les autres.

Fresque. — Peinture sur muraille fraîchement enduite.

Monochrome. — D'un ton uniforme.

Polychrome. — De plusieurs couleurs.

Pinacothèque. — On dit bien : bibliothèque pour les livres, pourquoi pas pinacothèque pour la peinture?... Moi j'aime mieux dire tout bêtement galerie de peinture, mais si vous préférez pinacothèque, pourtant !

Fuyant. — Les parties d'un tableau qui vont en s'éloignant.

Gribouillage. — Les œuvres de MM. les peintreaux et broyeurs d'ocre (Voy. ces mots).

Léché. — Peinture faite avec un soin exagéré. Est un mauvais compliment plutôt qu'un bon.

Pignocher. — Le dictionnaire dit : « Voyez Épignocher... » Je vois épignocher et je trouve : « Manger lentement » ! Je n'y suis plus du tout car en « art » Pignocher signifie exagérer les détails, « chercher la petite bête » en un mot.

Maroufler. — Coller une toile sur une surface plane. Maroufler un plafond, une muraille. Le marouflage diffère du *rentoilage* en ce que ce dernier est un contre-collage sur une autre toile.

Pittoresque. — Sujet amusant, imprévu. Le mot pittoresque appliqué à des sujets d'architecture est presque l'équivalent de rustique. Les ruines, les vieux monuments rongés par le lierre ou enlacés de lianes sont des monuments pittoresques.

Trompe-l'œil. — Se dit des sujets qui donnent absolument l'illusion de la nature.

Pochade. — Indication en quelques coups de pinceau, presque équivalent de *maquette* (1), bien que celle-ci indique plutôt le premier jet, l'indication en petit d'une œuvre avant son exécution.

Ébauche. — La préparation d'une œuvre avant de l'exécuter.

Grisaille. — Peinture en camaïeu dans les tons gris.

Iconographie. — Description des images.

Iconoclaste. — Destructeur d'images.

Iconostrope. — Instrument permettant de renverser l'image, de reporter à gauche ce qui est à droite et vice versâ.

Aubère. — Couleur fleur de pêcher.

Bariolage. — Se dit des œuvres multicolores où les tons sont heurtés. Terme désobligeant plutôt que flatteur.

Chargé en couleurs. — Monté de ton.

Colombin. — Couleur gorge de pigeon.

Fiametti. — Couleur de flamme.

Glauque. — Vert bleuâtre.

Grivelé. — Tacheté de gris et de blanc.

Minime. — Gris sombre.

Teinté. — Marqué de taches rousses.

Pers. — Entre le bleu et le vert.

Incolore. — Se dit des œuvres dont le coloris est éteint, sans éclat.

Poncif. — Vieux, routinier.... Vous en connaissez n'est-ce pas ? — Moi aussi !

Teinte plate. — Teinte uniforme.

Couleurs rabattues. — Ternes, grises, éteintes.

Couleurs tranchantes. — Le contraire des précédentes.

Trichroïsme. — État d'un sujet qui offre trois apparences de ton, suivant le point d'où on le regarde.

Puis vous avez des mots ronflants : *Incarnadin,* — incarnat clair ; *fuligineux,* — couleur de suie et puis etc., etc., car...

Voilà assez de « glossaire », n'est-ce pas ?

CHAPITRE XXIX

UN PEU D'HISTOIRE

§ Ier. — L'ÉVENTAIL.

Bien que ce qui va suivre soit absolument inutile à connaître pour savoir tenir un pinceau ou manier un crayon, il nous a semblé qu'un peu d'histoire

---

(1) On a une autre signification de ce mot appliqué au mannequin de bois.

— oh! un tout petit peu, rassurez-vous! — ne serait point déplacée ici.

En commençant ce volume nous disions que l'éventail devait, remonter à Ève. On n'aura vu là qu'une boutade, je pense, et pourtant... rien ne prouve que cela ne soit! Ni vous ni moi n'étions au paradis à cette époque-là, nous nous réservions pour plus tard! Bref, pour être franc, je ne savais comment débuter, et, ma foi! je me suis dit qu'autant valait remonter à la création du monde qu'ailleurs! Redescendons un peu maintenant et arrêtons-nous dans l'Inde antique, où les savants estiment que l'éventail a pris naissance.

Les Indiens l'avaient baptisé *pánk'hâ* (on a bien fait, chez nous, de le

changer de nom!). Il était fait alors de feuilles de lotus, de palmier, de bananier. Dans les sculptures indoues encore existantes on retrouve les formes adoptées alors.

L'attribution première de l'éventail (dont la forme était plutôt celle de l'écran à main actuel) était de chasser les mouches et de s'abriter du soleil. Sur les peintures assyriennes et égyptiennes on déchiffre des personnages munis d'écrans semi-circulaires.

L'usage de l'éventail était fort répandu en Grèce et dans Rome. Dans *Oreste*, d'Euripide, ces paroles sont prononcées par un esclave phrygien : « J'ai effleuré d'une douce fraîcheur les cheveux d'Hélène endormie avec un éventail de plumes! »

Aux premiers siècles du christianisme, les éventails étaient devenus

presque objets religieux et servaient à « chasser les mouches » de l'autel
pendant les exercices du culte ou à activer le feu dans les sacrifices. On leur
donnait aussi un sens mystérieux : ils étaient, d'après saint Jérôme, des
marques de continence.

Les Japonais, les Chinois emploient, les éventails depuis les temps les plus
reculés. D'après eux l'invention en remonterait à l'empereur Wou-Wang
(xi⁰ siècle av. J.-C.) ; il s'agit ici encore de l'éventail *écran*, ou chasse-
mouches ; l'invention de l'éventail semi-circulaire se reployant — comme
celui employé de nos jours — est attribuée aux Japonais : celui de leurs dieux
qui préside au bonheur tient à la main un éventail plissé.

Les auteurs chinois revendiquent l'invention et font remonter son apparition en Chine au xᵉ siècle.

En Europe, à partir du xiᵉ siècle, l'usage des éventails, qu'on nommait
esmouchoirs, devint presque général ; il se faisait à cette époque en plumes
d'autruche, de corbeau ou de paon, et leurs montures, simples d'abord,
s'enrichirent peu après d'or ou d'ivoire et d'incrustations de pierres fines ou
d'émaux.

Charles V, roi de France, « avoit un esmouchoir rond qui se ployoit, en
ivoire, aux armes de France et de Navarre, à un manche d'ybénus ».

Henri III se servait de l'éventail, chose peu étonnante vu son efféminement :
« On mettoit à la main du roy un instrument qui s'estendoit et se reployoit en
y donnant seulement un coup de doigt, que nous appelons ici un esventail ; il

estoit d'un velin aussi délicatement découpé qu'il estoit possible, avec de la dentelle à l'entour, de pareille estoffe. Il estoit assez grand, car cela devoit servir comme d'un parasol pour se conserver du hasle, et pour donner quelque rafraîchissement à ce teint délicat... Tous ceux que je pus voir aux autres chambres en avoient eux aussi de même étoffe, ou de taffetas avec de la dentelle d'or et d'argent tout à l'entour. » (Pierre de l'Estoile, 1588.)

C'est sous Henri III qu'on innova les éventails en forme de drapeaux, puis ronds et plissés comme ceux qu'on a cherché, de nos jours, à remettre à la mode. En Italie surtout, l'éventail en forme de drapeau eut grande vogue ; on le retrouvait dans les mains de toutes les grandes dames de Venise, de Vérone, de Naples, de Florence.

Dans les premiers siècles du moyen âge, l'éventail n'était qu' « un esventour de plumes duquel il esventa le feu », dit Viollet-le-Duc, qui a trouvé, dans les fouilles qu'il fit faire au château de Pierrefonds, au moment de sa reconstitution, des fragments d'éventails pareils à ceux de nos jours et qui devaient être antérieurs à 1422. Ils étaient en métal d'alliage, cuivre et argent ; — la tige était rivée à une garde de bois ou de métal très mince. Point de trous, mais une croisette au bout de chaque branche et de la tige, ce qui donne à supposer que le tout était réuni par un cordonnet de soie, permettant de le suspendre à la ceinture.

Au xviie siècle, la mode des éventails était générale en Europe.

Dans les *Réflexions et anecdotes sur la reine de Suède*, d'Alembert raconte qu'à la cour de Louis XIV plusieurs dames de haute noblesse ignorant « l'aversion et l'antipathie invincibles qu'éprouvait la reine Christine pour tout ce que font et disent les femmes », lui demandèrent, par déférence, s'il fallait adopter l'éventail en toutes saisons. La reine de Suède leur répondit fort sèchement : « Je ne crois pas, vous êtes assez éventées sans cela ! »

Le résultat fut que les dames de la cour, froissées de cette réponse assez impertinente, usèrent de tous leurs efforts pour mettre l'éventail en faveur ; elles y réussirent absolument, et ce fut grâce à elles qu'il devint de plus en plus luxueux et artistique, garni de pierreries et orné de peintures ; ce fût alors un bijou charmant et aussi bijou parfumé, car on se servait pour sa

monture des bois odoriférants : « Des glands de couleurs, des guipures, des éventails de satin peint et autres de senteurs découpés et unis. » (*Mercure de France*, 1673.)

Mademoiselle de Montpensier parle de ces éventails parfumés dans ses *Mémoires*, lorsqu'elle dit : « Quoique la reine mère tint dans ses mains un éventail de peau d'Espagne, cela n'empêchait pas que l'on ne sentît la place... »

Vers 1713 on inaugura l'*éventail-lorgnette*. On intercalait dans l'ornementation des petites fenêtres, garnies d'un verre et par lesquelles on pouvait voir sans être vu. Voici à ce sujet la réflexion du *Menagiana* : « Les *éventails à jour*

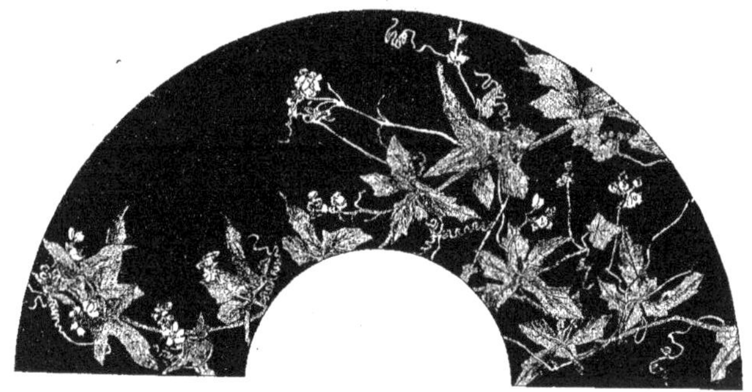

que les femmes portent quand elles vont à la porte Saint-Bernard prendre le frais sur le bord de la rivière, et par occasion pour voir les baigneurs, s'appellent des lorgnettes. » Ce temps de bains, dans certains almanachs, se nommait *culaison*... Heureux temps !...

Pour mieux justifier leur nom, certains de ces éventails portaient, en outre, placée dans le milieu de la rivure, une lorgnette lilliputienne permettant de voir ce qui se passait à certaine distance.

Vers la fin du XVII⁰ siècle, madame de Maintenon prêche tant et tant contre le luxe féminin, que l'éventail effarouché se fait tout petit pour ne pas encourir le courroux de la fondatrice de Saint-Cyr.

Au temps jadis l'éventail envoyé comme « hommage » était accompagné d'un galant madrigal ou d'un tendre billet... Il faut maintenant se contenter d'y joindre des strophes philosophiques, celles-ci, par exemple :

18

S'il est vrai que de tout nous pouvons profiter
Lorsque nous avons l'âme bonne,
Vous aurez un sujet fort propre à méditer
Dans l'éventail que je vous donne.

En vous servant de lui vous penserez souvent
Que ce monde n'est que du vent;
Que toutes les beautés qu'éclaire la nature,
Dont l'éclat paraît si charmant,

Ne sont rien comme lui qu'une vaine peinture
Qui s'efface dans un moment.
L'éventail de la vie est l'image accomplie
Comme elle il se déploie, et puis il se replie,

Jusqu'à ce qu'il revienne à son premier repos.
Enfin il nous apprend, belle et sage Sylvie,
Ce que nous devenons à la fin de la vie
N'étant plus comme lui qu'une peau sur des os.

Sous la Régence, l'éventail redevient ce qu'il était avant madame de Maintenon, gai, pimpant, hardi comme un page, luxueux de monture, brillant d'ornementation; les sujets sérieux sont remplacés par des scènes galantes où Cupidon souvent abuse de ses flèches. Les personnages de la comédie italienne, les Colombine et les Arlequin, les Léandre et les Isabelle entrent en scène; puis les encadrements fleuris, les cartouches rocaille renfermant des scènes aimables entre « jeunes damoiseaux et honnestes dames » grands seigneurs

et bergères. On eût alors une prédilection marquée pour les compositions à divinités d'opéra-comique, étendues sur des nuages roses, empapillonnées d'amours joufflus aux chairs carminées, à la frimousse chiffonnée, aux ailes irisées.

Avec eux reparurent les quatrains mignards, les vers aimables ; tels ceux-ci, signés Lebrun :

> *Carite* aux dents d'ivoire, aux lèvres de corail
> Aux yeux doux, au teint vif.... laissons tout ce détail,
> Se plaignait en été des chaleurs trop cruelles,
> Et pour lui servir d'éventail
> L'amour lui laissa ses deux ailes.

Charmants, ces vers, mais quel singulier nom que *Carite*... et surtout Carite aux dents, etc !...

Parmi les vers célèbres inspirés par l'éventail, on trouve cette énigme, cette *devinette* en vers :

> Mon corps n'est composé que de longues arêtes,
> Et je n'eus de tout temps que la peau sur les os.
> Je brille en compagnie, et sans aucun repos,
> Dans le fort de l'été je suis de toutes fêtes.
> Par un petit effort, je cause un doux plaisir,
> Et dans plusieurs replis tout mon corps se rassemble ;
> Mes os par un seul nerf se tiennent tous ensemble,
> Et sans les séparer on peut les désunir.
> Sans avoir du serpent la prudence en partage,
> Comme lui quelquefois je peux changer de peau
> Et, répandant aux yeux un nouvel étalage,
> On ne me connaît plus, tant je parais nouveau.

En voici maintenant de Mérard Saint-Juste :

> Dans les temps reculés, comme au siècle où nous sommes,
> Les rois, le sceptre en main, commandèrent aux hommes
> L'éventail, plus puissant, commande même aux rois.

La grandeur des éventails subit maintes fluctuations ; suivant les époques ils furent tout petits, moyens ou très grands. Dans le *Mercure de France*, d'octobre 1730, on lit :

« Il y a des éventails d'un prix considérable, qu'on porte encore excessivement grands, en sorte qu'il y a des petites personnes dont la taille n'a pas deux fois la hauteur d'un éventail, ce qui doit tenir en respect les jeunes cavaliers badins et trop enjoués. »

Vers la même époque, les éventails chinois, surtout ceux en laque, étaient fort recherchés, mais les Anglais et les Hollandais les eurent vite contrefaits et les firent bientôt tomber en désuétude.

C'est au XVIII° siècle, le siècle pomponné, élégant par excellence, que l'éventail brille de tout son éclat ;
alors vraiment il devient objet d'art plus encore que bijou.

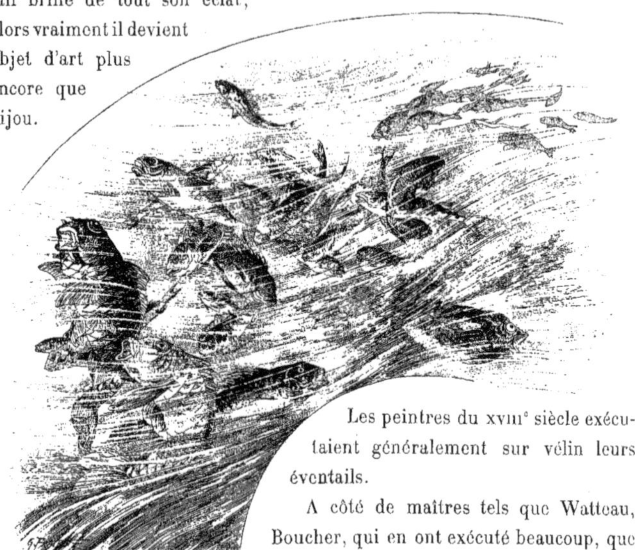

Les peintres du XVIII° siècle exécutaient généralement sur vélin leurs éventails.

A côté de maîtres tels que Watteau, Boucher, qui en ont exécuté beaucoup, que d'artistes moins connus en ont fait de charmants, soit originaux, soit inspirés des tableaux de Teniers, Vanloo, etc., Boucher surtout, au talent si souple et si divers, était bien le peintre de l'éventail, ce qui ne l'empêchait point d'être à un égal degré le peintre des plafonds, des trumeaux, des clavecins, des chaises à porteurs, voitures de gala, meubles de genre ! sans compter ses tableaux, ses dessins, ses décorations de tapisseries peintes pour les Gobelins dont il dirigea la manufacture.

A cette époque on faisait aussi beaucoup d'éventails composés de feuilles d'ivoire très minces, ornés à leur partie inférieure de niellés d'or, et dans le haut, de sujet peints sur papier ou vélin.

Nous avons vu plusieurs de ces éventails (il paraît qu'on en rencontre beaucoup en ce pays) importés du Mexique où ils avaient été très certainement introduits par les Espagnols.

Sous Louis XVI, l'éventail se fit surtout sur soie pailletée d'or ; après la Révolution on tenta d'en revenir à l'éventail sur peau, mais le vélin d'importation italienne, nommé *peau de poulet*, arrivait difficilement en France. Sous la Restauration il fut impossible de s'en procurer ; c'est alors que M. Desrochers, le rénovateur de l'éventail en France, prépara de nouvelles peaux dénommées *peaux d'Italie* ou *peaux de cygne*, lesquelles ne sont, en réalité, que des peaux de chevreau très amincies et préparées d'une façon spéciale.

Vers la fin du xviiie siècle, on inaugura un éventail nouveau modèle qu'on a fait revivre de nos jours : ouvert, il est rond, monté sur un manche creux renfermant un rouleau, en tirant celui-ci l'éventail rentre dans son fourreau et prend alors la forme d'un bouquet.

Puis vinrent, sous la Révolution, les éventails patriotiques : les déesses olympiennes entourées d'amours furent remplacées par les déesses de la *Raison*, de la *Force*. L'arc et le carquois de Cupidon firent place au glaive de la *Justice*. Les tables de la *Loi*, encadrées de chêne et de laurier, se substituèrent aux écussons fleuris, aux cartels agrémentés de pampres ou de roses.

Les bouffettes devinrent des cocardes, les soies rose tendre se teignirent en rouge vif, les nuances qui, précédemment, se noyaient dans les bleus azurés, les mauves et les blancs crème s'accusèrent en tricolore. Plus de vers, plus de madrigaux, seulement ces trois mots : LIBERTÉ, ÉGALITÉ, FRATERNITÉ, ou : VIVE LA NATION !

Les douces allégories, les aimables trophées, les colombes se becquetant, les houlettes de berger, les chapeaux de bergère s'envolèrent devant les emblèmes égalitaires : le triangle, le bonnet phrygien, le faisceau, le R. F.

Les éventails révolutionnaires s'ingénièrent à rappeler les faits journaliers gais ou tristes, bizarres ou tragiques : on fit l'éventail « à la Marat » représentant Charlotte Corday près de la baignoire de l'Ami du Peuple et tenant d'une main son éventail, brandissant de l'autre un poignard.

M. Spire Blondel cite à ce propos M. Vatel, auteur d'un livre sur Charlotte Corday : « Charlotte Corday a tué Marat sans quitter son éventail ; elle l'a frappé d'une main et elle tenait l'éventail de l'autre... »

Dans le procès, un des témoins, le citoyen Laurent Bas, dépose ainsi :

« A sept heures et demie du soir, le samedi 13 juillet 1793, l'an II de la République, une personne du sexe descendant d'une voiture de place en déshabillé moucheté, chapeau à haute forme avec cocarde noire et trois cordons noirs et *portant un éventail*, est venue demander à parler au citoyen Marat. »

Parurent ensuite, au commencement du xixᵉ siècle, les éventails sculptés, découpés à jour, en os, ivoire, écaille ; le grand succès fût pour l'éventail *musqué* ; le musc, cette odeur horrible, était alors fort en vogue.

Un journal, *le Menteur*, nous dit qu'aux concerts Feydeau lorsqu'apparaissait Garat, le chanteur favori : « Les têtes mobiles s'agitent, les plumes voltigent, les éventails à la civette frémissent. » On ne délaissait pas, cependant, les éventails coloriés : M. Spire-Blondel en cite un, ayant appartenu à madame Tallien, et qui représentait la fête de l'Agriculture.

» La restauration, dit le même auteur, vit paraître les *éventails anagrammatiques*, on y lisait le mot *Roma*. Ce mot, au moyen d'un mécanisme fort simple, se changeait en celui d'*Amor* qui, bien que latin, nous paraît devoir être compris de nos belles. »

L'éventail célébra les triomphes de Bonaparte, chanta ses victoires. On représenta le premier consul enclavé dans les palmes, les lauriers, les trophées, ou accompagné des figures emblématiques de la Paix, de la Guerre.

Mais, voici revenir les éventails à lorgnette, abandonnés presqu'aussitôt pour laisser place aux éventails *lilliputiens*, ce qui fit dire à madame de Genlis : « Dans le temps où l'on rougissait souvent, où l'on voulait dissimuler son embarras et sa timidité, on portait de grands éventails ; c'était à la fois une contenance et un voile : en agitant son éventail on se cachait. Aujourd'hui l'on rougit peu ; on ne s'intimide point ; on n'a nulle envie de se cacher, et l'on ne porte que des *éventails imperceptibles*. »

L'usage de l'éventail suivit la marche descendante de ses dimensions ; on les rapetissa tellement qu'ils se réduisirent à rien et qu'on en oublia complètement l'usage jusqu'en 1827.

Les hommes alors tentèrent de le réinnover. « A la première représentation de *Corisandre*, opéra-comique joué en 1828, quelques élégants avaient voulu recommencer la ridicule tentative des mignons, en adoptant, comme eux, le sceptre de la coquetterie féminine ; mais cette mode n'eut aucun succès. »

C'est pourtant de cette époque que date la renaissance de l'éventail, dont MM. Desrochers et Vanier donnèrent le signal, M. Vanier en mettant en vente dans sa parfumerie des éventails jaunis par le temps, M. Desrochers en exhumant ceux de nos aïeules et en ne reproduisant dans les modèles qu'il fabriquait, que ce qui réunissait les caractères les plus marqués d'élégance, de richesse. Il commença ainsi la riche collection dont son gendre, M. Alexan-

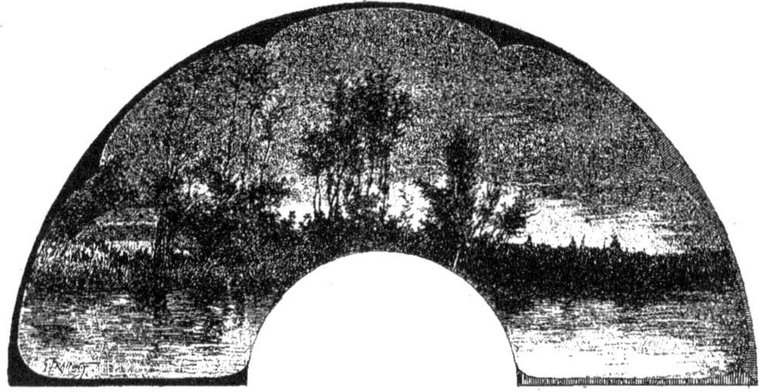

dre, devint l'heureux propriétaire et qui se compose de plus de quinze cents éventails de tous styles. de toutes époques.

C'est à M. Alexandre d'abord, à M. Duvelleroy ensuite, que nous devons l'impulsion artistique donnée de nos jours, à la décoration de l'éventail ; ils furent les premiers à s'adresser à des peintres en renom et à obtenir, sur des feuilles d'éventails, des signatures comme celles de Ingres, Français, Rosa Bonheur, E. Lami, Gérôme et quantité d'autres.

Grâce à eux, l'éventaillerie française prit le premier rang, qu'elle conserve encore actuellement et conservera longtemps, nous en sommes persuadés.

Certaines collections renferment des éventails célèbres, français ou étrangers, d'une très grande valeur artistique, d'une grande rareté. La plupart sont signalés par M. Spire Blondel dans son *Histoire des Éventails*. Nous citerons les éventails japonais à manche en fer ciselés de la collection de M. Burty.

Un éventail espagnol du xviiᵉ siècle appartenant à lady Lindsay, et attribué au peintre Cano de Arevalo : Cet éventail représente diverses scènes encaissonnées dans des encadrements, avec niellés et ornementations légères. La monture est elle-même agrémentée de personnages et d'ornements.

La collection de madame Achille Jubinal renferme un éventail Louis XIII enserrant, dans un cartouche, une scène de danse, ornementée de fleurs et d'ornements.

Madame Delaville Le Roulx en possède un de l'époque de Louis XIV, sur la splendide monture duquel est représenté le mariage d'Hercule. Il est attribué à Lemoine ; la feuille peinte finement à la gouache tire son sujet de la *Jérusalem délivrée* et montre Ubalde et le Danois entrant dans les jardins d'Armide devant la fontaine du Rire.

Un superbe éventail, appartenant à madame la comtesse de Beaussier, représente des dames et des seigneurs de la cour de Louis XIV dansant dans un parc. La composition, renfermée dans un ovale, est encadrée d'enroulements au milieu desquels se jouent des amours.

Madame la comtesse Duchâtel détient dans sa collection l'éventail offert à madame de Grignan par madame de Sévigné, sa mère, et dont elle dit : « Le chevalier de Broons vous porte un éventail que j'ai trouvé fort joli : ce ne sont plus de petits amours ; il n'en est plus question, ce sont de petits ramoneurs, les plus gentils du monde ! »

L'*Enlèvement des Sabines*, attribué au peintre italien Ramonelli, est le sujet d'un éventail de la collection de madame Jubinal.

Citons encore un éventail allemand (xviiiᵉ siècle), collection de la reine Victoria.

Un éventail attribué à Boucher, têtes de femmes et amours, appartenant à M. le docteur Piogey.

Le magnifique éventail, dentelle et miniatures (qu'on suppose d'origine italienne) et ayant appartenu à la marquise de Pompadour, est aujourd'hui en possession de madame Achille Jubinal.

M. Eugène de Thiais est propriétaire de l'éventail que la ville de Dieppe offrit à Marie-Antoinette lors de la naissance du dauphin ; il est en ivoire sculpté. C'est de lui que Balzac écrivait : « L'éventail de Marie-Antoinette est le plus beau de tous les éventails célèbres. »

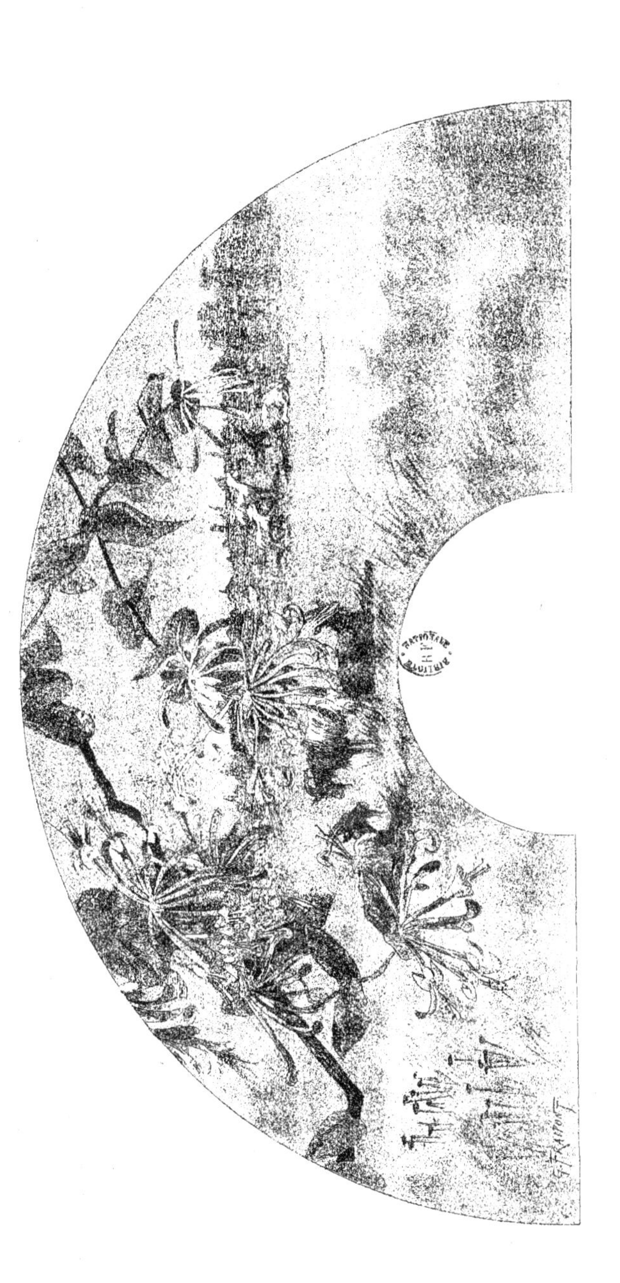

19

Suivant le dicton « Aux derniers les bons », nous arrêterons ici cette nomenclature qui risquerait de devenir fatigante. Elles ne manquent pas, les pièces célèbres ; malheureusement beaucoup ne sont visibles que pour d'heureux privilégiés, car elles sont soigneusement gardées en collections particulières ; la plupart d'entre nous devront se contenter d'admirer celles, superbes aussi, que contiennent nos musées ; elles sont plus que suffisantes pour nous apprendre la marche de l'éventail à travers les âges et nous faire sentir la place importante qu'il a tenu de tous temps dans les fastes de la coquetterie.

§ II. — L'ÉCRAN. — LE PARAVENT.

Bien qu'ils n'aient pas suivi toutes les fluctuations de l'éventail, l'écran, le paravent, n'ont pas été toujours ce qu'ils sont aujourd'hui.

Dès sa naissance l'éventail a été distingué par la femme, qui se l'est approprié, et, par cela même, lui a donné l'empreinte de sa grâce, tout en lui faisant suivre tous ses caprices : le voulant aujourd'hui très grand et demain tout petit ; rejetant le plus ornementé en faveur du plus simple puis, *ondoyante* et *diverse*, reprenant le plus riche ! …

L'écran, le paravent, moins favorisés, furent créés moins par coquetterie que par utilité ; aussi naquirent-ils beaucoup plus tard, vers le moyen âge, croit-on. A cette époque, les cheminées monumentales nécessitaient des écrans, indispensables pour pouvoir se garantir le visage tout en « ne brûlant pas ses chausses ». Ils étaient alors en osier et montés sur pieds, la chaleur passait tamisée au travers des claies ; on avait aussi des écrans (la mode en revient aujourd'hui) suspendus au moyen de deux boucles ou de rubans ; on en trouvait encore, au siècle dernier, dans certaines contrées de l'ouest de la France.

Au moyen âge, les habitations, même princières, ne possédaient point le confortable que nous leur donnons aujourd'hui : les vents coulis y soufflaient à l'aise, les courants d'air s'y jouaient en tous sens ; aussi plaçait-on, le soir, dans les chambres des châteaux, des *oste-vent*. Ce furent d'abord des sortes de tambours disposés devant les portes intérieures et composés de deux joues et d'un plafond ; ou bien, tout simplement, de grandes tentures libres appendues au plafond et qu'on faisait manœuvrer à l'aide d'une corde communiquant à une monture à tringle et à anneaux, comme nous le faisons, de nos jours pour nos rideaux.

De modifications en modifications on en vint, peu après, aux paravents à feuilles, dans le genre des nôtres et garnis, la plupart du temps, de tapisseries.

A propos de ces paravents, Philippe de Commines rapporte que : « Le roy Louis XI fit mettre (1) le seigneur de Coutay *dedans* un vieil *oste-vent* qui estoit dedans sa chambre, et moy (Commines) avec luy, afin qu'il entendist et pust faire rapport à son maistre des paroles dont usoient ledict connestable et les gens dudict duc; et le roy se vint scoir sur un esca-beau, rasibus dudit oste-vent, afin que nous pussions mieux entendre les paroles que disoit Louis de Créville..... Et en disant ces paroles pour cuyder complaire au roy, ledit Louis de Créville com-mença à contrefaire le duc de Bourgogne, et à frapper du pied contre terre, et à jurer Saint-Georges, et qu'il

appelait le roy d'Angleterre Blanc-Borgne, fils d'un archer qui portait son nom ; et toutes les moqueries qu'en ce monde étoit possible de dire d'homme.

(1) Mettre pour cacher.

Le roy rioit fort, et lui disoit qu'il parlât haut ; et qu'il commençoit à devenir un peu sourd, et qu'il le dit encore une fois ; l'autre ne feignoit pas et recommençoit encore une fois de très bon cœur. Monseigneur de Coutay, qui estoit avec moy en cet oste-vent, estoit le plus esbahy du monde... »

Il est évident que l'auteur, en se servant du mot oste-vent, entendait ici parler du paravent à feuilles ; la forme du meuble avait été modifiée ; son nom ne le fut que plus tard. Voici ce que dit M. Henry Havard à ce sujet : « Le paravent avait des points communs avec l'*ôte-vent*, qui paraît avoir été son ancêtre ; mais il se distinguait de celui-ci par sa construction. Ce qui caractérise le paravent, en effet, c'est qu'il se compose de plusieurs feuilles réunies par des charnières. » Richelet le dit expressément : « C'est, écrit-il, un ouvrage de menuisier et de tapissier. Il est composé d'un bois haut de six ou sept piez, qu'on apelle châssis, qu'on plie par le moïen de quelques fiches, en quatre ou cinq parties dont chacune s'appelle feuille, que le tapissier couvre ordinairement de serge ou de drap, qu'il embelit de quelque galon de soie, d'or ou d'argent, pour mettre dans une chambre d'hyver, afin d'empêcher le vent qui vient de la porte. »

A propos du paravent, citons l'énigme suivante, relevée dans le *Journal de Verdun* :

Je ne suis ni arbre ni plante
Et porte feuilles en tout temps

On ne me voit que quand le froid augmente
Et je disparais au printemps.

Tout ceci prouve bien qu'au
début le paravent n'était uniquement que « d'hiver » et qu'on
le considérait plus au point de
vue utile qu'au point de vue élégant... De nos jours il est de
toutes saisons; il est devenu un
meuble décoratif bien plus qu'un
meuble utile; il sert davantage
au plaisir des yeux qu'au besoin
d'intercepter les courants d'air,
desquels nous avons trouvé d'autres moyens de nous garer. Et
cela n'a rien d'étonnant, il n'est
pas de meubles fournissant
mieux que le paravent prétexte à
la décoration; quand nous disons
paravent, nous parlons tout aussi
bien de l'écran qui n'en est qu'un
diminutif. Entre les deux il n'y
a qu'une question de nombre :
le paravent n'est, en somme,
qu'un écran multiplié par trois,
quatre ou cinq (on est allé jusqu'à douze).

On a tout lieu de croire que c'est vers le XVI⁰ siècle que le paravent à feuilles
s'imposa dans le mobilier. Dans l'inventaire de Gabrielle d'Estrées (1599) on
trouve cette note : « Deux paravans d'autel, aussy de velours couleur de
zizolin, garny de croix de passement d'argent et armoriés de broderie d'or. »

D'après M. Henry Havard, « il s'agit là, sans doute, de petits paravents à deux
ou trois feuilles qui se plaçaient sur l'autel et garantissaient l'ecclésiastique
lorsqu'il célébrait la messe, précaution d'autant plus nécessaire que, dans les

chapelles privées, la plupart de ces autels étaient situés dans une manière de petite abside privée, et, par conséquent, exposé aux vents coulis. »

C'est au musée de Cluny qu'on peut voir le plus ancien des paravents connus ; il a appartenu au marquis d'Effiat, mort en 1632. Ce paravent, qui date par conséquent du commencement du xvii° siècle, est à six feuilles, en velours et soie.

On peut affirmer, en se basant sur les écrits de cette époque, que les paravents étaient alors de dimensions beaucoup plus grandes que ceux dont on se sert de nos jours ; ils formaient presque cloison et dessinaient ainsi une pièce dans une autre.

Les paravents qui, jusqu'ici, ne font guère partie que du mobilier des châteaux, deviennent, vers le milieu du xvii° siècle, d'un usage plus général : on les rencontre dans la bourgeoisie.

Le *Dictionnaire du mobilier* cite divers inventaires où sont décrits des paravents. Nous relevons ceux-ci :

Inventaire de Mazarin (1653) : huit feuilles de paravent à double face, de serge rouge cramoisy, garnie de petit passement d'argent doré.

Inventaire de Catherine de Neufville (octobre 1657) : seize feuilles de paravent, garnies de serge, douze de serge à deux envers et quatre de serge de Mouy, le tout rouge, tel quel, prisé dix-huict livres.

Inventaire de Molière (1673), sept feuilles de paravent garnies de serge verte.

A en juger par ces extraits, le paravent peint n'a point encore fait son apparition ; le voici venir :

Inventaire d'André du Guez, seigneur de Balzac (1692), un paravent en peinture représentant la Samaritaine.

Inventaire du maréchal d'Humières : douze feuilles de paravent peintes sur toile représentant des naufrages.

Cette fois le paravent luxueux était adopté : les cuirs et les draps, les velours et les brocarts, les soies et les ors concoururent à l'enrichir, les peintures à les classer dans les objets d'art.

Dans un des divers *Inventaires* du mobilier de Versailles, inventaires dressés sous Louis XIV, on relève, au milieu de quantité d'autres, la nomenclature de : « Huit feuilles de paravans peintes d'un costé des fables des

Métamorphoses d'Ovide, et de l'autre de figures en grisailles; Six feuilles de paravans de peinture à deux envers (*sic*) dont le devant sont des bacchantes et l'envers des paysages et rochers. »

Vers la fin du xviiᵉ siècle les paravents de Japon, de Chine, firent leur entrée en France.

Le *Mercure* de juillet 1686 signale : « Trois paravents, l'un à douze feuilles de bois du Japon avec les bords dorés et des oiseaux et des arbres, de pièces de rapport.

« Un paravent aussi à douze feuilles de soye, fond violet, avec des animaux et des arbres de plusieurs couleurs de pièces de rapport.

« Un autre plus petit, de soye, avec de très belles peintures de la Chine. »

« Bientôt, dit encore M. Henry Havard, les paravents de la Chine furent si nombreux à la cour que le terme « chinois de paravents » passa dans le langage courant pour désigner les gens qui ressemblaient à des magots et que les poètes n'hésitèrent pas à attribuer aux habitants du Céleste-Empire l'honneur d'avoir inventé ce meuble utile. »

Dans son ouvrage, *le Livre du riche*, Le Mierre dit ceci :

Le mobile rempart qu'*inventa le Chinois*
Près de nous pour abri déployé
   [sous nos toits,
Interdisant au froid l'accès de nos
   [asiles,
En écarte des vents les atteintes sub-
   [tiles !...

Depuis quand les Chinois se servaient-ils du paravent ? nous l'ignorons, mais ce n'est pas à eux, en tous cas,

que nous en sommes redevables puisque, nous l'avons vu, nous nous servions
de nos paravents bien avant que les leurs, dont nous ne connaissions
pas l'existence, fussent importés chez nous. Il y a là une même chose
inventée deux fois dans deux pays différents, une coïncidence voilà tout.

Quoi qu'il en soit, son usage s'accrut de plus en plus. Le xviii° siècle s'en
empara, en fit de toutes tailles et de toutes formes; les uns très grands se plaçaient dans les chambres à coucher où ils formaient alcôves ; — d'autres, de
dimensions réduites, servaient d'écrans ; — vous verrez les deux représentés
dans maintes gravures de Moreau le Jeune, dans maintes compositions de
Fragonard.

G. FRAPONT
LA PLACE de la CONCORDE HIVER 1881

C'est au XVIIIe siècle, surtout, que le paravent de-
vint vraiment artistique ; des
peintres comme Watteau,
Audran, Boucher, prêtèrent
la grâce de leur pinceau, la
fraîcheur de leur coloris à
la décoration de ses feuilles,
de ses panneaux.

Dans les *Annonces*, *A f-
fiches*, *Avis divers* de mai
1766, on signale la vente,
rue Sainte-Croix de la Bre-
tonnerie, d'un « paravent
peint par Watteau, repré-
sentant les Quatre Saisons ».

On sait que François Bou-
cher a dessiné des feuilles
de paravent qui furent gra-
vées par Cochin.

A côté de paravents peints
sur toile, on en retrouve
d'autres à la même époque,
en laque, puis d'autres encore garnis en tapisseries,
en broderies, dont un des
plus merveilleux échantil-
lons se voit à Fontaine-
bleau dans la chambre de
Marie-Antoinette, à laquelle
il a appartenu.

Dans ses *Mémoires*, ma-
dame de Genlis décrit l'amé-
nagement de la maison de la

rue de Bellechasse où elle installa ses élèves, les jeunes princes d'Orléans. Voici comment elle s'exprime :

« J'avois tâché de rendre utile jusqu'à l'ameublement de Bellechasse. La tapisserie de la chambre des princes représentoit, peints sur toile à l'huile, sur un fond bleu, les médaillons en grisaille, d'après les médailles ou les bustes des sept rois de Rome, des empereurs et des impératrices jusqu'à Constantin le Grand. Les dessus de portes représentoient des traits particuliers de la même histoire ; à chaque médaillon se trouvoient la date et le nom du personnage. Deux grands paravents représentoient les rois de France ; les écrans montés, les écrans de main et les dessus de la porte de la salle à manger représentoient des traits mythologiques. »

Que dites-vous du paravent appliqué à l'éducation de la jeunesse ? Il a fait du chemin, vous voyez, et nous sommes loin de l'antique oste-vent, son aïeul !... Autres temps, autres mœurs !

Si nous n'écoutions que notre envie, nous suivrions l'exemple d'un critique d'art aussi spirituel qu'érudit, M. Henry Havard, et nous terminerions cette notice par quelques anecdotes sur le paravent ; elles fourmillent, mais la plupart sont plutôt... « gaies » ; nous craindrions, en les contant ici, de faire baisser de beaux yeux ! Si nous en étions encore à l'éventail nous nous risquerions peut-être, car...

Fait-on un conte un peu joyeux
Qu'Aglaé n'ose entendre
L'éventail s'ouvre et sur ses yeux
Il est prompt à s'étendre.

Voile aimable, chaste ou trompeur
Mais toujours plein de grâce
Un éventail sert la pudeur
Ou du moins la remplace.

Mais nous l'avons quitté, ce cher éventail ; adieu donc l'historiette ; nous ne pouvons, franchement, prier nos lectrices d'aller se réfugier derrière un paravent ; ce que je raconterais ne nécessiterait pas, à vrai dire, un semblable rempart, mais pourtant je préfère m'abstenir.

Si le paravent a vu bien des scènes piquantes, il a été aussi le témoin de scènes tragiques, Saint-Simon raconte, dans ses *Mémoires* (t. VIII), qu'en 1709 le lieutenant général de La Châtre (qu'on appelait le beau berger) fut pris, chez le prince de Conti, d'un subit accès de folie. Brandissant son épée, il creva le paravent qui abritait la chaise-longue où sommeillait le prince.

Ça n'est pas très gai pour finir, mais que voulez-vous, faute de mieux !

APPENDICE BIBLIOGRAPHIQUE

Ceux de nos lecteurs, qui, non contents de s'intéresser à la peinture de l'Éventail, de l'Écran ou du Paravent voudront les considérer à d'autres points de vue, pourront consulter des livres qui en parlent plus longuement et surtout plus savamment que nous n'avons pu le faire nous-même ; ces livres nous les avons lus, nous y avons trouvé maints renseignements utiles ou intéressants et nos lecteurs pourront les parcourir avec autant de plaisir que nous-même l'avons fait :

Histoire des éventails chez tous les peuples et à toutes les époques et notices sur l'écaille, la nacre et l'ivoire, par S. BLONDEL, 1875.

L'art dans la parure et dans le vêtement, CH. BLANC, 1875.

L'éventail, par O. UZANNE, 1882.

Histoire du costume, par VIOLLET-LE-DUC.

Dictionnaire de l'ameublement, par H. HAVARD.

A qui voudra s'instruire vraiment en l'art de peindre, de dessiner, et de composer, nous conseillons de lire les merveilleux volumes de CHARLES BLANC :

La grammaire des arts du dessin ;

La grammaire des arts décoratifs.

Enfin, si aux renseignements techniques que nous leur avons donné dans le cours de ce volume, nos lecteurs veulent en ajouter d'autres ils en trouveront, et des plus utiles, dans les volumes de KARL ROBERT sur le fusain, la peinture à l'huile, le pastel, etc.

La fleur peinte sur l'éventail, par HENRI OSTOLLE, pourra aussi leur rendre grand service.

CONCLUSION

Concluez, concluez!

C'est facile à dire, cela, mais, en vérité, je ne sais comment m'y prendre.

J'ai dit tout ce que je savais — parfois, en consultant de plus malins, ce que je ne savais pas — que voulez-vous véritablement que j'ajoute?

Faut-il maintenant, madame, que vous êtes prête à fermer le livre, faire comme l'acteur quand on est prêt à baisser la toile : Réclamer l'indulgence du public?... C'est bien vieux, cela, et c'est presque prétentieux, car ceux qui

réclament l'indulgence sont toujours *in petto* persuadés qu'ils n'en ont nul besoin. Comme ce n'est pas mon cas, il me faut trouver autre chose... Mais quoi?...

Des vers? un acrostiche? ma foi, oui, et d'autant plus volontiers qu'il n'est pas de moi mais d'un « parnassien enfoui sous la poussière de l'oubli », comme dit l'ami O. Uzanne.

Ève n'a point connu mon élégant travail ;
Vénus m'imagina. Le féminin bercail
Et maint peuple rôti qui tout cru mange l'ail,
Zérine à l'Opéra, Fatmé dans le sérail
Trouvent dans mon secours un utile attirail.
À l'aide de mon jeu, savant dans son détail,
Iris à plus d'un cœur a fait faire un long bail...
Le sceptre d'une belle est vraiment l'éventail.

A présent, permettez-moi, madame, de vous adresser mes hommages et, si vous vous décidez à feuilleter ce livre, ce dont je serai fier et tout reconnaissant, de vous prier d'en faire la lecture l'hiver, alors que, bien douillettement étendue sur le fauteuil installé derrière le paravent, l'écran vous garantira du trop de chaleur et l'éventail du trop peu d'air.

Le plaisir de l'installation fera supporter l'ennui du « bouquin ».

FIN

TABLE DES MATIÈRES

QUATRIÈME PARTIE

Renseignements complémentaires.

5204-93. — Corbeil. Imprimerie Éd. Crété.

www.ingramcontent.com/pod-product-compliance
Ingram Content Group UK Ltd.
Pitfield, Milton Keynes, MK11 3LW, UK
UKHW021859070726
13613UKWH00001B/226